JOSEF
URSCHITZ

STILL
STAND

WIE DER
REFORMSTAU
UNSEREN
WOHLSTAND
GEFÄHRDET

molden verlag

Für Benjamin, Sophia und Sebastian,
die sich ein Leben in einem zukunftssicheren
Land verdienen.

INHALT

PROLOG	Im Jurassic Park der Politsaurier	6
DIAGNOSE I	Akute Austrosklerose	17
DIAGNOSE II	Gefangen im Reformstau	25
BREMSER I	Der Föderalismus	34
BREMSER II	Die Sozialpartner	48
BAUSTELLE I	Der Staatshaushalt	62
BAUSTELLE II	Die seltsame Welt der Bürokratie	75
BAUSTELLE III	Die Steuerhölle	89
BAUSTELLE IV	Das Sozialsystem und seine Bewohner	106
BAUSTELLE V	Der ganz normale Förderwahnsinn	117
BAUSTELLE VI	Die Bildungsmisere	128
BAUSTELLE VII	Ausgabenmacht ohne Kontrolle	137
DER UMBAU	Wie wir Österreich zukunftsfit machen	142
EPILOG	Warten, bis die Troika kommt?	154

Prolog

IM JURASSIC PARK DER POLITSAURIER

Wir leben zunehmend auf Pump und von der Vergangenheit – und sind dabei, unsere Zukunft zu verspielen.

Nach der Vorspeise und ein bisschen Smalltalk kam der Handelsattaché direkt zur Sache: Er sei nun ein Jahr im schönen Österreich, sagte er. In dieser Zeit habe er die Wirtschaft des Landes eingehend studiert und analysiert, die Hintergründe durchleuchtet, die Strukturen und Institutionen hinterfragt. Es gebe für ihn keinen Zweifel: Dieses Land sei, das zeigten alle verfügbaren Daten, eines der wohlhabendsten und insgesamt ökonomisch erfolgreichsten der Erde. Er wisse aber, wenn er sich die Wirtschaftspolitik genau anschaue, beim besten Willen nicht warum. „Können Sie mir weiterhelfen?", fragte er. „Wissen Sie, wie dieses Wohlstandsniveau mit diesen Strukturen zusammenpasst?"

Gute Frage. Tatsächlich sind die Daten recht eindeutig. Bruttoinlandsprodukt pro Kopf, Durchschnittseinkommen, Exportquote, Inflation, Arbeitslosenrate – was immer man international vergleicht: Österreich fällt nirgends wirklich negativ auf. Wir sind zwar auch nirgends wirklich Weltspitze, aber für einen Platz im vorderen Drittel reicht es allemal. Das alles, obwohl auf der anderen Seite ein aufgeblasener Staatsapparat mit ungeheurer Bürokratie die Wirtschaft behindert, eine der höchsten Steuerquoten der westlichen Welt Betrieben und Arbeitnehmern den finanziellen Spielraum nimmt, eine von der Politik durchaus geschürte wirtschaftsfeindliche Grundstimmung erfolgreiches Wirtschaften dämonisiert.

Das ist tatsächlich eine Diskrepanz, die nicht nur Nichtösterreichern schwer erklärbar ist. Vielleicht hilft es, wenn man ein bisschen zurückblickt. Da werden die guten Daten schnell relativiert. Sie sind zwar nach wie vor gut, aber nicht mehr so gut wie noch vor einem Jahr und noch weniger gut als vor einem Jahrzehnt. Die Alarmsignale, die von Zeit zu Zeit aufblitzen, geben ein eindeutiges Bild: Es geht bergab. In internationalen Standortrankings beispielsweise werden wir in vergleichsweise atemberaubendem Tempo nach unten durchgereicht. In allen wichtigen Rankings liegt Österreich zurzeit irgendwo rund um Rang 20. Das ist entschieden zu wenig für ein Land, das sehr hohe Lohnkosten aufweist und diese gegen immer besser werdende internationale Konkurrenz verteidigen muss. Wenn das Wohlstandsniveau gehalten werden soll, dann gehört Österreich in solchen Ranglisten unter die Top Ten. Dorthin, wo sich vergleichbare europäische Industriestaaten wie Schweden, Dänemark, Holland oder die Schweiz finden.

Dieser schleichende Verfall der Wettbewerbsfähigkeit

wirkt sich natürlich auch in den Wirtschaftsdaten aus. Seit einiger Zeit hinkt das Wirtschaftswachstum der europäischen Konkurrenz hinterher. Ein ungewohntes Gefühl für ein Land, das noch zu Beginn dieses Jahrhunderts ein wenig mitleidig auf die Performance der Deutschen hinuntergeblickt hat. Dafür liegt die Inflation über dem europäischen Schnitt. Und die Zeit, in der Experten aus anderen europäischen Ländern versuchten, hinter das Geheimnis des österreichischen Arbeitslosenwunders zu kommen, sind auch vorbei: Jetzt sind wir in dieser Disziplin immer noch gut, aber eben nicht mehr spitze. Und vor allem: die Tendenz! Während rundum in Europa die Arbeitslosigkeit sinkt, steigt sie zwischen Bodensee und Neusiedler See.

Was ist mit diesem Land los? Was ist schuld daran, dass wir beeindruckende Wachstumsraten nicht mehr beim BIP, sondern nur noch bei den Arbeitslosen und den Mindestsicherungsbeziehern haben, deren Zahl 2016 um beeindruckende 16 Prozent gestiegen ist?

Antworten sind schnell zur Hand. Ein rekordverschuldeter Staat versucht, sein Ausgabenproblem mit Rekordsteuereinnahmen zu kaschieren und betreibt eine auf Verhinderung und Behinderung aufgebaute Bürokratie. Das bremst Investitionen, führt zu allgemeinem Frust und sorgt für eine schleichende Entindustrialisierung im Land. Zeiten wie etwa die Siebziger- und Achtzigerjahre des vorigen Jahrhunderts, in denen ein offenbar attraktives Umfeld Großkonzerne zu prestigeträchtigen Großinvestitionen im Lande animierte – etwa General Motors in Wien-Aspern, BMW in Steyr oder Infineon in Villach –, sind lange vorbei. Heute läuft das Investitionskapital den umgekehrten Weg: Selbst hier ansässige Großkonzerne, wie etwa voestalpine oder Lenzing, tätigen im Land nur noch Ersatzinvestitionen.

Erweitert wird im Ausland. Die Gründe, die dafür genannt werden, sind immer die gleichen: Steuern, ausufernde Bürokratie, industriefeindliche Stimmung. Letzteres hat ein heimischer Industriekapitän einmal volkstümlich so auf den Punkt gebracht: Wenn er eine Großinvestition in den USA ankündigt, dann organisiert der Bürgermeister eine Festveranstaltung mit Blumenmädchen, der Gouverneur hält eine Rede und eine Dixieband spielt auf. Wenn er dasselbe in Österreich macht, bilden sich zuerst einmal drei Bürgerinitiativen, und die bürokratischen Mühlen beginnen, das Projekt zu zermahlen. Das Ergebnis dieses Unterschieds sieht man dann in der Arbeitslosenstatistik.

Offenbar benötigt man hierzulande das alles nicht. Denn es geht uns ja noch gut. Nicht mehr ganz so gut wie noch vor ein paar Jahren, aber es lässt sich noch leben. Was dabei gerne übersehen wird: Wir leben zunehmend auf Pump und von der Vergangenheit – und sind dabei, unsere Zukunft zu verspielen. Das ist keine österreichische Spezialität: Der US-Journalist und Autor Thomas L. Friedman („The World is Flat“) hat Europa schon vor zehn Jahren als „Museum“ bezeichnet, das seinen ganzen politischen Ehrgeiz daran setze, die Vergangenheit zu bewahren – und auf diese Weise dramatisch von den Dynamikzentren der Weltwirtschaft in Amerika und Asien abgehängt werde. Eine Art Jurassic Park voller Polit-Dinosaurier.

Ein Indiz dafür: Die 20 wichtigsten Unternehmen Europas sind im Prinzip noch immer dieselben wie vor 30

Jahren. Von den damaligen Top 20 der US-Unternehmen findet sich dagegen kein einziges mehr unter den besten 20 im aktuellen Ranking. Friedman meint, das liege nicht zuletzt daran, dass Europa zu viel politischen Ehrgeiz daran setze, die alten Strukturen zu erhalten. Wenn das so ist, dann leben die österreichischen Polit-Dinos im Zentrum dieses Jurassic Park. Wo sonst ist beispielsweise ein Toppolitiker denkbar, der im Brustton der Überzeugung öffentlich als besonderen Vorzug seiner Politik nennt, dass es gelungen sei, mit Milliardensubventionen „den Strukturwandel aufzuhalten". Wer so viel Rückwärtsgewandtheit nicht für möglich hält, muss sich nur die Presseaussendungen des österreichischen Bauernbund-Präsidenten aus dem Jahr 2016 anschauen. Dass so etwas einfach so, ganz ohne öffentlichen Aufschrei oder zumindest höhnischem Gelächter über die Bühne gehen kann, sagt viel über den Stellenwert des Wandels und der Innovation im Lande aus. Oder, wie es die Tageszeitung „Die Presse" einmal formulierte: „Dies ist ein Land für Neugebauers, nicht für Zuckerbergs." Für alle, die ihn nicht mehr kennen: Herr Neugebauer hatte sich zu seiner aktiven Zeit als oberster Beamtengewerkschafter den Ruf als begnadetster „Betonierer" des Landes erworben.

Dramatischer Vertrauensverlust

Die Rückwärtsgewandtheit beschränkt sich aber keineswegs auf die traditionell extrem strukturkonservative Agrarpolitik. Sie ist auch zum Markenzeichen der österreichischen Wirtschaftspolitik geworden. Wobei: Rückwärtsgewandtheit ist vielleicht nicht der ganz richtige Ausdruck. Bewegungsunwilligkeit trifft es schon eher. Oder, noch besser: Reformunfähigkeit. Denn der Schlüssel zur Beendigung des Stillstands liegt in der Erneuerung durch Reformen, die das Land wieder nach vorne bringen können.

Das ist keine neue Erkenntnis. Seit gut dreißig Jahren schieben Regierungen Reformen vor sich her. Jeder weiß, dass kein Weg daran vorbeiführt, die Konzepte sind seit Langem fertig ausgearbeitet, aber sie werden nicht umgesetzt. Aus Angst, Wahlen zu verlieren, vielleicht. Oder aus der Unmöglichkeit, die bremsenden Betonstrukturen der heimischen Politik – von einem missglückten Föderalismus bis hin zu den zu Bremsklötzen mutierten Sozialpartnern – aufzubrechen. Vielleicht ist es aber auch nur ein Zeichen des Niedergangs der traditionellen sozialdemokratischen und konservativen Parteien, deren Rezepte aus dem vorigen Jahrtausend stammen, die aber immer noch die Regierung stellen. Möglicherweise ist es auch die Angst vor den Wählern, die einschneidende Veränderungen gewöhnlich mit der Abwahl der Veränderer bestrafen. Davor müssen sich die Regierenden genau genommen aber nicht mehr fürchten. Denn der reformstaubedingte Wohlstandsverlust bedroht ihre Position so oder so.

Die Lage ist schon ziemlich vertrackt: Gegen Ende des Jahres 2016 hat ein Meinungsforschungsinstitut erhoben, welche Worte die Österreicher aus Politikermund nicht mehr hören wollen. Ganz oben in der Liste findet sich das Wort „Reform“. Wohl deshalb, weil sie es bei Sonntagsreden ständig vorgetragen bekommen, aber seit Jahrzehnten vergeblich auf die Umsetzung warten. Das nervt auf Dauer. Wer also jetzt als Reformator auftritt, muss ein schwieriges Dilemma lösen: Er muss Reformen umsetzen, deren bloße Erwähnung den Betroffenen schon Unbehagen bereitet. Dabei fühlen die Menschen nicht nur intuitiv, dass es so nicht weitergehen kann. Die Probleme sind ja nicht nur „gefühlt", wie man ihnen das einzureden versucht, sondern ganz real. Dass beispielsweise ihre Arbeitsplätze immer unsicherer werden und die Politik keine Antwort auf die Entwicklung parat hat, bilden sie sich ja nicht nur ein. Dass der Reformdruck aus der Bevölkerung trotzdem noch nicht stark genug ist, liegt vielleicht daran, dass das Bewusstsein für Zusammenhänge noch fehlt. Zum Beispiel dafür, dass der Wohlstand schon lange nur noch durch immer stärker wachsende Staatsschulden aufrechtzuerhalten ist.

Das in der Bevölkerung nicht ganz unberechtigterweise stärker werdende Gefühl, dass ihr Wohlstand bedroht ist und dass sie dabei von der herrschenden Politik alleingelassen wird, führt zu einem dramatischen Vertrauensverlust in die Politik und – nicht nur in Österreich – zu enormem Zulauf zu populistischeren Parteien und Bewegungen. Die Menschen haben den Eindruck, dass ihnen die traditionellen Parteien kein Angebot mehr zu machen haben, und laufen ihnen konsequenterweise in Scharen davon. Wie stark der Vertrauensverlust schon ist, zeigen Umfragen. In Österreich stimmen unterdessen bereits fast zwei Drittel der Wahlberechtigten der Aussage zu, Parteien seien mehr am Machterhalt als am Wohl des Bürgers interessiert. Fast ebenso viele meinen, die Politikverdrossenheit nehme zu, weil Politiker nicht mehr ehrlich und zuverlässig seien. Mehr als die Hälfte sieht in

Politikern kein Vorbild mehr. Ein inferiores Bild, welches das „Institut für Freizeit und Tourismusforschung" da in einer repräsentativen Umfrage erhoben hatte.

Eines, das beispielsweise Journalisten hautnah miterleben, wenn sie anhand der Leserreaktionen sehen, wie sehr die Stimmung im Laufe der letzten Jahre in den Keller gegangen ist, wie sehr es unter der Decke brodelt, wie groß die Wut auf „die da oben" geworden ist. Die Stimmung, die im Norden Europas rechtspopulistische und im Süden linkspopulistische Bewegungen an die Schwelle der Macht gebracht hat, lässt sich am besten mit „Alles ist besser als der derzeitige Zustand" beschreiben. Eine demokratiepolitisch höchst gefährliche Stimmung, die unseren Wohlstand wohl ebenso gefährdet wie der herrschende Reformstillstand. Aber selbst diese katastrophal schlechte Stimmung wird von der Politik, die sich schon meilenweit von der Bevölkerung entfernt hat, missverstanden und missdeutet. Der österreichische Bundeskanzler Christian Kern hat das kurz nach seinem Amtsantritt im Frühsommer 2016 sehr schön demonstriert, als er erklärte, die größte Wachstumsbremse im Land sei die herrschende schlechte Laune.

Ein klassischer Fall von Verwechslung von Ursache und Wirkung: Die Wirtschaft wächst nicht so langsam, weil die Stimmung so schlecht ist, sondern die Stimmung ist so miserabel, weil seit vielen Jahren nichts mehr weitergeht, weil jegliches Wirtschaften durch die erbärmliche Performance der Stillstandsregierungen der vergangenen Jahre abgebremst wird.

Mit bloßer Stimmungsaufhellung per gehobenem Politentertainment ist da nichts mehr zu machen. Um das herauszufinden, muss man sich freilich ein wenig außerhalb der Politblase bewegen. Dort sieht man:

- Die Arbeitnehmer sind beträchtlich verstimmt, weil sie bemerken, dass ihre reale Kaufkraft trotz jährlicher Lohnerhöhungen seit vielen Jahren abnimmt und dass dieser Kaufkraftverlust nicht nur „gefühlt" ist, sondern ganz real. Sie erkennen auch in zunehmendem Maße, dass an diesen Kaufkraftverlusten vor allem die öffentliche Hand (also der von der Politik direkt beeinflusste Bereich) mit ihren Steuer- und Abgabenorgien schuld ist.

- Die Arbeitnehmer, vor allem jene, die schlecht bezahlte Jobs auf niedrigen Qualifikationsstufen haben und/oder in prekären Arbeitsverhältnissen tätig sind, bemerken auch als Erste, dass die durch Politikversagen ausgelöste ungeregelte Zuwanderung der Jahre 2015/2016 ihr soziales Gefüge und – im unteren Segment – auch ihre Arbeitsplätze bedroht. Und reagieren entsprechend sauer, wenn ihnen Politiker einzureden versuchen, dass damit das Überalterungsproblem der heimischen Wirtschaft gelöst werde, oder wenn ihnen politiknahe „Experten" vorfantasieren, dass ihnen die ungeregelte Zuwanderung von Leuten, denen die für eine Industriegesellschaft notwendigen Basisqualifikationen fehlen, einen Wirtschaftsaufschwung mit Traumrenditen bescheren wird.

- Die klein- und mittelständischen Unternehmer werden mieselsüchtig, weil sie das nicht unberechtigte Gefühl haben, dass sie mit der Registrierkasse verfolgt und mit der Steuerkeule geprügelt werden, während die Finanz seelenruhig zusieht, wie es sich die Großen in ihren Steueroasen bequem richten können.

- Die Industriellen wiederum blicken indigniert, wenn sie erzählen, wie sie von einer ausufernden Bürokratie bis aufs Blut gequält werden – und gleichzeitig als gierige Kapitalisten und Umweltverschmutzer dastehen.

- Und von den Stammtischen bis hin zu den noblen Rotarierzirkeln regt sich beträchtlicher Unmut über den grassierenden Klientelismus und den Mandatsnepotismus in den Parteien. In Letzteren haben sich adelsähnliche Strukturen entwickelt, bei denen beispielsweise Mandate innerhalb der Familie oder des Freundeskreises weitergegeben werden und wo sich geschlossene Zirkel bilden, in die Außenstehende nur noch schwer hineinkommen. Eine Konstellation, die die Demokratie de facto aushebelt.

All das verschlechtert die Stimmung und bremst Investitionen und damit die Wirtschaft. Dem ist, wie gesagt, mit ein wenig Politentertainment nicht mehr beizukommen. In dieser Phase hilft ein bisschen Reformieren nicht mehr, da muss ein tief greifender Umbau des Staates und seiner politischen Institutionen her. Eine kleine Chance gibt es noch, das Steuer herumzureißen, bevor der Karren wirtschaftlich und politisch an die Wand fährt. Das Zeitfenster ist aber nicht mehr groß. Für die Regierenden „Altparteien" SPÖ und ÖVP ist es wohl die letzte: Sie werden sich entweder zu einer überfälligen Modernisierung des Landes aufraffen müssen oder sie werden untergehen. Blockadeorganisationen mit Strukturen aus dem vorigen Jahrhundert sind nicht mehr zeitgemäß. Und niemand wird sie vermissen. Sie haben also nichts zu verlieren. Vielleicht reicht das als Motivation, endlich tätig zu werden.

Dieses Buch liefert dafür einen Leitfaden: Es beschreibt die wichtigsten Blockadestrukturen und Möglichkeiten zu ihrer Überwindung, listet die größten Baustellen der Republik auf – und gibt Reparaturanleitungen.

Diagnose I

AKUTE AUSTROSKLEROSE

Mit der bloßen Zufuhr von Geld lässt sich die volkswirtschaftliche Erkrankung namens „institutionelle Sklerose“ nicht therapieren.

Die Lage stellt sich so dar: Wir haben die höchste Steuer- und Abgabenquote seit dem Zweiten Weltkrieg, die höchste Arbeitslosenzahl und die höchste Staatsverschuldung. Gleichzeitig eine weltweite Wirtschaftskrise – und keine handlungsfähige Regierung. Ein bisschen viel wirtschaftspolitisches Pech auf einmal.“ Dieses Statement klingt doch eigentlich recht aktuell, oder? Ist es aber nicht: Das Zitat stammt aus meiner wöchentlichen Kolumne „Bilanz“ in der Tageszeitung „Die Presse“. Erschienen ist dieser Beitrag am 8. November 2002.

Und weil wir gerade beim Zitieren sind, noch eine interessante Aussage: „Wir wissen, dass im Bereich von Klein- und Mittelbetrieben die meisten Arbeitsplätze geschaffen werden. Daher werden wir diesen Sektor sehr konzentriert unterstützen müssen: durch das Wegräumen unnötiger bürokratischer Hindernisse, aber auch durch andere Maßnahmen, etwa im Hinblick auf den Eigenkapitalsektor. So zum Beispiel ist uns die Reform der Gewerbeordnung ein besonders wichtiges Anliegen." Von wem stammen diese Sätze? Christian Kern? Reinhold Mitterlehner? Könnte sein, oder? Ist es aber nicht: Viktor Klima hat das laut stenografischem Protokoll des Nationalrats am 29. Jänner 1997 in seiner Regierungserklärung von sich gegeben.

Man sieht: Viel hat sich in diesem Land nicht geändert. Außer: Steuer- und Abgabenquote, Arbeitslosenzahl und Staatsverschuldung sind viel höher als damals. Ansonsten sind die aktuellen Probleme in den Sektoren Föderalismus, Verwaltung, Budget, Steuern, Gesundheit, Bildung, Pensionen, Förderungen etc. ziemlich alt. Auch die Diskussion darüber. Und die immer gleichen Argumente pro und contra um die genau genommen immer gleichen Reformvorschläge drehen sich seit dreißig, manche schon seit vierzig Jahren im Kreis. Diese Republik steht also still. Nicht erst seit gestern und nicht erst seit dem Start der aktuellen Regierung. Die drängenden Probleme harren seit Jahrzehnten einer Lösung.

Natürlich gibt es unter großem Reformgetöse immer wieder ein paar kosmetische Operationen: ein paar Bezirksgerichte zusammengelegt und als große Verwaltungsreform verkauft, eine bloße Teilrückvergütung der kalten Progression als größte Steuerreform aller Zeiten gefeiert, das strikteste Ladenschlussgesetz Europas um ein winziges Stück gelockert, mit einer kleinen Start-up-Förderung ein wenig Standortpflege betrieben. Aber der notwendige große Wurf, der das Land nach vorne treibt und wieder in seine angestammte Peergroup zurückbringt, blieb bisher aus. Auch bei den jüngsten größeren, durchaus ambitionierten Reformversuchen – Gewerbeordnung und Finanzausgleich mit den Ländern – ist die Regierung kläglich gescheitert. Die herrschenden Beharrungsstrukturen waren nicht zu überwinden. Kurzum: Der Patient siecht mangels brauchbarer Behandlung dahin und wird immer schwächer. Die Diagnose ist klar: eine spezielle Form der institutionellen Verhärtung, die als „Austrosklerose" in den Sprachgebrauch der „Wirtschaftsmedizin" eingegangen ist. Entdeckt und beschrieben wurde diese schwere volkswirtschaftliche Erkrankung erstmals vom amerikanischen Ökonomen Mancur Olson, der die Symptome in seinem 1965 erschienenen Werk „The Logic of Collective Action. Public Goods and the Theory of Groups" beschrieb und das Krankheitsbild in seinem zweiten großen Werk „The Rise and Decline of Nations" verfeinerte.

Gruppeninteressen vor Gesamtwohl

Das Krankheitsbild der institutionellen Sklerose, an der Österreich so offensichtlich leidet, ist also relativ gut erforscht. Es entsteht laut Olson dadurch, dass sich Interessenverbände (Gewerkschaften, Unternehmerverbände und Länder, um ein paar zu nennen) durchsetzen, die naturgemäß in erster Linie Partikularinteressen (nämlich die ihrer Mitglieder) vertreten und das Gesamtwohl hintanstellen. Werden solche Institutionen in einer Gesellschaft zu stark, erlangen sie einen zu großen Einfluss auf die Wirtschaftspolitik, dann gerät das Gesamtwohl ernsthaft in Gefahr. Diese Konstellation, eine Art politisches Marktversagen, führt in der Regel zu massiven Symptomen. Sie schränkt die Fähigkeit zu gesellschaftlichem Wandel ein. Der folgende Stillstand bremst die Produktivität und das Wirtschaftswachstum und führt in der Folge naturgemäß zu wirtschaftlichem Niedergang.

Mit der bloßen Zufuhr von Geld lässt sich diese volkswirtschaftliche Erkrankung nicht therapieren. Man kann das sehr schön an den zentralen österreichischen Daten ablesen, die zeigen, dass Verschuldung, Steuerlast und Arbeitslosenzahlen seit Langem parallel steigen, während das Wirtschaftswachstum immer schwächer wird. Bezogen auf das Wachstum wird der Mitteleinsatz also immer unwirtschaftlicher. Olson meint sogar, dass die bloße Zuführung von Geld ausgesprochen kontraproduktive Effekte zeitige: Je mehr Geld in schlechte Strukturen gepumpt wird, desto mehr verfestigen sich diese. Wirksam gegen diese institutionelle Sklerose sind nur strukturelle Reformen, die diese Blockadestrukturen aufbrechen. Womit wir beim Hauptproblem wären: Eine echte Reformpolitik muss sich zwangsweise gegen die strukturversteinernden Institutionen richten. Also gegen jene, die die politische Macht im Lande an sich gerissen haben – und die damit auch die personelle Auswahl der möglichen Reformer an der Regierungsspitze in der Hand haben. Das ist nicht nur eine Herkulesaufgabe. Es ist in normalen Zeiten schlicht unmöglich.

Nur in den seltensten Fällen gelingt das, bevor der außer Kontrolle geratene Karren an die Wand fährt. In Schweden zum Beispiel, wo in den Neunzigerjahren des vorigen Jahrhunderts eine schwere Wirtschaftskrise die Regierung zu umfassenden Reformen gegen die auch dort starken Interessengruppen zwang. Eine Reform, von der Schweden noch heute zehrt: Es hat bei ähnlichen Basiswirtschaftsdaten wie Österreich heute nur eine halb so hohe Staatsverschuldung. Und damit viel Spielraum für Krisen. Oder in Deutschland, wo der Sozialdemokrat Gerhard Schröder zu Beginn der Nullerjahre seine „Agenda 2010“ und seine umstrittene „Hartz IV“-Reform durchzog. Reformen, von denen Deutschland noch heute zehrt und die das Land vom wirtschaftlich „kranken Mann Europas“ zur mit Abstand stärksten Wirtschaftsnation des Kontinents machte. Beide Fälle hatten eines gemein: Der wirtschaftliche Niedergang hatte in der Bevölkerung genug Leidensdruck aufgebaut. Ein Leidensdruck, der stärker war als die Partikularinteressen der Interessenverbände.

So weit sind wir in Österreich noch nicht, weshalb es aus parteipolitischer Sicht der Regierenden bisher auch wenig Anlass für wirklich große Reformen gegeben hat. Denn diese Republik steht zwar still. Angesichts der enormen Wirtschaftskraft des Landes tut sie das aber auf sehr hohem Niveau. Der Einzelne merkt also noch nicht oder, besser gesagt, noch nicht stark genug, dass die Basis des Wohlstands im Hintergrund immer stärker erodiert. Gut, die Arbeitslosenrate steigt, die Reallöhne sinken, vor allem in den unteren Segmenten, seit vielen Jahren, das Wirtschaftswachstum blieb in den vergangenen Jahren deutlich hinter dem anderer Euroländer zurück. Aber es tut noch nicht wirklich weh.

Zumal Österreich ja Umverteilungs-Vizeweltmeister ist und damit individuelle Stillstandsverlierer relativ gut abfedert. Deshalb geht eine bedenkliche Entwicklung in der Öffentlichkeit ziemlich unter: Österreich wurde, wie schon erwähnt, in den vergangenen Jahren in internationalen Standortrankings in atemberaubendem Tempo nach unten durchgereicht. 2016 hat es zwar eine kleine Atempause gegeben. Da hat sich das Land im Ranking des „World Economic Forum“ leicht vom 23. auf den 19. Platz vorgearbeitet und in der Rangliste der renommierten Schweizer Wirtschaftshochschule IMD von Platz 26 auf Platz 24 verbessert. Aber: 2010 war das Land von IMD in Sachen Wettbewerbsfähigkeit noch auf Platz 14 eingestuft worden. Da liegen schon Welten dazwischen. Und: Vergleichbare europäische Länder liegen unter den Top Ten. Rang 24 bei der Wettbewerbsfähigkeit entspricht jedenfalls keineswegs dem Status des Landes als Mitglied der Spitzengruppe der Industrieländer. Wenn wir so weitermachen, wird dieser Status also bald Geschichte sein.

Besonders schlecht liegen wir in allen Rankings in den Bereichen „Regierung“, „Verwaltung“ und „Fiskalpolitik“. Was genau genommen kein Wunder ist: Österreich ist nämlich, das steht fest, ein sehr gut verwaltetes Land. Aber auch ein sehr heftig verwaltetes. Bezogen auf die Bevölkerungsgröße haben wir fast doppelt so viele Verwaltungsbeamte wie die Schweiz und um gut 50 Prozent mehr als Deutschland. Beides Länder, denen man nicht nachsagen kann, schlecht verwaltet zu werden. Im Prinzip haben wir nach dem Fall der k. u. k. Monarchie die Verwaltungsstrukturen einer Großmacht in einen Kleinstaat herübergerettet.

Bürokratien tendieren dazu, ein Eigenleben zu entwickeln. Je größer, umso mehr. Das wird von so gut wie allen Unternehmen als einer der größeren Hemmschuhe für die wirtschaftliche Entwicklung gesehen. Eine umfassende Aufgabenreform der Verwaltung ist ebenso wie ein umfassender Umbau des heimischen Föderalismus eine der Grundvoraussetzungen, um mit der Therapie der Austrosklerose überhaupt erst beginnen zu können.

Ist Österreich „abgesandelt"?

Das sehen interessanterweise auch viele der Spitzenproponenten der sklerotischen Organisationen so. Der Präsident der Wirtschaftskammer, Christoph Leitl, hatte etwa 2015 beim „Europäischen Forum Alpbach" für Schlagzeilen gesorgt, als er Österreich als „abgesandelt" bezeichnet hatte. Ein paar Monate später legte der oberste Wirtschaftskämmerer in einem Interview mit der „Tiroler Tageszeitung" noch einmal ein kräftiges Schäuferl nach, als er der Regierung ausrichtete, sie „verwurstle" gerade die Zukunft. Leitl damals: Er wolle sich später nicht nachsagen lassen, vor Fehlentwicklungen nicht eindringlich genug gewarnt zu haben. Man kann also nicht sagen, das Problem sei in den Chefetagen nicht bewusst. Aber wenn es darauf ankommt, sind eben die Beharrungskräfte in den Institutionen stärker. Man hat das sehr schön bei der missglückten Reform der zu zwangsjackenhaft angelegten Gewerbeordnung im Herbst 2016 gesehen. Bundeskanzler Christian Kern von der SPÖ hatte sich eine Reduzierung der gebundenen Gewerbe von 80 auf 40 vorgestellt. Vizekanzler Reinhold Mitterlehner von der ÖVP – vor seiner Regierungstätigkeit selbst Mitglied der Chefetage der Wirtschaftskammer – hatte eine Reduktion der zahlreichen Nebengewerbe auf einen einzigen Gewerbeschein im Sinn. Nach umfassenden Verhandlungen mit den Sozialpartnern, die von Vertretern der Regierungsparteien dominiert werden, lag die Zahl der gebundenen Gewerbe um eines höher als zuvor. Und ein, sagen wir, Hotelier, der auch Frühstück anbietet, Ausflüge organisiert und seine Gäste mit dem Auto vom Bahnhof abholt, benötigt weiter einen ganzen Schüppel an Gewerbescheinen – und muss entsprechend häufig Kammerumlage bezahlen. Ohne jetzt auf Sinn oder Unsinn der gewerblichen Zunftstrukturen einzugehen: Hier hat die Regierung vor den Institutionen einen vollen Bauchfleck hingelegt. Austrosklerose, wie sie leibt und lebt.

Diese Erstarrung ist natürlich auch international nicht unbeobachtet geblieben. Die Industriestaaten-Organisation OECD beispielsweise hat Österreich in ihrem jüngsten Länderbericht ordentlich die Leviten gelesen. Auch was die Gewerberegulierung betrifft. Zu starre Strukturen und zu strenge Regulierung würden Wettbewerb behindern, die Wirtschaft bremsen, die Inflation hochtreiben und die Kostenposition des Landes verschlechtern. Das gelte besonders für unternehmensnahe Dienstleistungen wie etwa IT-Services. Hier bedroht zu strenge Regulierung die Zukunftsfähigkeit des Landes.

Wie das im Endeffekt aussehen kann, zeigt ein ausreichend abschreckendes Beispiel in unmittelbarer Nachbarschaft: Italien hat die institutionelle Sklerose schon früher als Österreich unbehandelt eskalieren lassen. Die Folgen waren ein äußert anämisches Wirtschaftswachstum, extrem hohe Staatsverschuldung, der Niedergang der Industrie in Norditalien. Heute zittert ganz Europa vor einem Italien-Crash, der die gesamte Eurozone mitreißen könnte. Reformen gibt es noch immer nicht. Ein abschreckendes Beispiel, das uns krass vor Augen führt, dass Reformunlust der gerade Weg in den drohenden Staatsbankrott ist. So weit sollten wir es hierzulande nicht kommen lassen.

Diagnose II

GEFANGEN IM REFORMSTAU

Hauptursache für die massive Austrosklerose sind aufgeschobene Reformen. Ihre Notwendigkeit wird von niemandem bestritten. Aber sie werden nicht umgesetzt.

Man kennt das von Hochwasserkatastrophen: An einer Engstelle verklaust sich Treibgut, der Fluss beginnt, sich aufzustauen. Wenn die Verklausung nicht schnell aufgelöst wird, bildet sich ein Stausee. Je höher dieser ansteigt, umso größer wird die Gefahr für die darunterliegenden Gebiete im Fall des Durchbruchs. Und brechen wird der Damm, wenn der Druck zu groß wird, jedenfalls. Der Verklausung des österreichischen Reformflusses ist bereits Mitte der Achtzigerjahre des vorigen Jahrhunderts passiert. Nach dem Ende der Regierungszeit des Sozialdemokraten Bruno Kreisky (der eine umfassende Öffnung der österreichischen Gesellschaft geschafft hatte, in Wirtschaftsdingen aber eher etatistisch agierte) stellten österreichische Regierungen von Reform- und Zukunfts- auf Verwaltungsmodus um. Es war schließlich bequemer, erkennbare politische und wirtschaftliche Baustellen mit Schuldenmachen zuzudecken, als die vermeintlich wohlerworbenen Rechte der eigenen Klientel anzutasten.

Natürlich war der Damm nicht gänzlich dicht: Immer wieder gab es kleinere Reförmchen und Anpassungen. Manchmal sogar recht erfolgreich, denn um die Jahrtausendwende galt Österreich wirtschaftlich in Europa als Vorzeigeland. Und in den ersten Jahren des neuen Jahrtausends hatte man den Eindruck, dass sich der konservative Bundeskanzler Wolfgang Schüssel sogar ernsthaft daranmachte, den Reform-Stausee kontrolliert abzulassen. Schüssels Pech war wohl, dass seine Koalitionskumpels von der FPÖ beziehungsweise vom BZÖ mehr den Futtertrog und die eigene Befindlichkeit im Auge hatten als Reformen. Mit einem Regierungspartner, dessen Umfeld heute, mehr als zehn Jahre später, noch immer die Korruptionsstaatsanwaltschaft und die Gerichte beschäftigt und dessen Minister hauptsächlich durch intelligenzbefreite Maßnahmen à la „Busspurenbenützung für Regierungsmitglieder" oder „Blaulicht für Minister-Dienstfahrzeuge" in Erinnerung geblieben sind, war eben kein Staat zu machen. Schon gar kein Reform-Staat.

Nur: Seit dem Ende der Ära Schüssel geht gar nichts mehr. Es sind zwar schon mehrere rot-schwarze „Reformpartnerschaften" ausgerufen worden, von Bundeskanzler Christian Kern sogar ein „New Deal" und ein „Plan A", auf einschlägige Aktivitäten warten wir aber noch immer. Den Hauptgrund dafür haben wir im vorigen Kapitel schon abgehandelt: Austrosklerose, institutionelle Verhärtung, hervorgerufen durch eine unglückliche Staatskonstruktion und einen völlig aus den Fugen geratenen Föderalismus. Kurzum: Länder und Sozialpartner halten sich eine Bundesregierung. Die kann vieles tun, aber sicher nicht gegen die Kerninteressen ihrer „Herren“ verstoßen. Bei neun Bundesländern und vier großen Sozialpartnern kommen da eben viele „Herren“ zusammen.

Die Macht liegt bei Lobbygruppen

Man kann ruhig sagen, dass das ganze politische System nicht mehr zeitgemäß ist und nicht mehr zu einer Demokratie im 21. Jahrhundert passt. Das fängt bei der Wahl zum Nationalrat an: Wir haben ein Listenwahlrecht. Der Wähler wählt also nicht Abgeordnete, sondern Parteien. Wer an wählbarer Stelle steht, wird von einem kleinen Kreis innerhalb der Parteien entschieden. Die meisten der Abgeordneten werden von den Landesparteien auf die Listen gesetzt, wobei bei den Regierungsparteien die jeweiligen Sozialpartner AK, ÖGB, Wirtschaftskammer und Landwirtschaftskammer und bei der ÖVP zusätzlich die drei großen Bünde Bauernbund, Wirtschaftsbund und ÖAAB Einfluss nehmen. Ein Abgeordneter ist also primär diesen Organisationen gegenüber verantwortlich und muss darauf achten, die Interessen seiner „Entsender“ zu vertreten, wenn er sich bei der nächsten Wahl wieder an wählbarer Stelle finden will. Zusätzlich ist er der sogenannten „Fraktionsdisziplin“ unterworfen, darf also sein freies Mandat, das er vom Wähler angeblich erhalten hat, gar nicht ausüben. Der Wähler selbst hat so gut wie keine Möglichkeit, diese Listen zu beeinflussen. Die wenigen Ausnahmen, in denen Vorzugsstimmenkampagnen zu signifikanten Umreihungen geführt haben, bestätigen eher diese Regel.

Die Auswahl der Regierungsmitglieder läuft nach demselben Schema. Allein dieses Auswahlverfahren garantiert, dass Regierungsmitglieder bei Reformen, die Kerninteressen der Länder oder der Sozialpartner treffen könnten, völlig chancenlos sind. Das Problem bei einer derartigen Konstruktion: Die eigentliche Macht liegt nicht bei einer Bundesregierung, welche gesamtstaatliche Interessen zu vertreten hat, sondern bei Teilorganisationen, die die Interessen ihrer Klientel im Blick haben und diese jedenfalls vor das gesamtstaatliche Interesse stellen. Das kann man ihnen nicht vorwerfen. Die Sozialpartner etwa sind ja dazu da, die Interessen ihrer Mitglieder zu vertreten. Zumal diese überwiegend (mit Ausnahme der Gewerkschaft) Zwangsmitglieder sind und gar keine Wahl haben. Und dass ein Landeshauptmann primär die Interessen seines Landes vertritt, kann man ihm auch nicht wirklich übel nehmen.

In einem gesunden politischen System würde eine Regierung diese Partikularinteressen selbstverständlich berücksichtigen und bewerten. Dann aber in ein Gesamtkonzept einbringen, in dem das gesamtstaatliche Wohl im Vordergrund steht. Auch wenn das die Interessen einzelner dieser Lobbygruppen tangiert. In so einem System wären umfassende Reformen, die auch in die Strukturen eingreifen, kein großes Problem. In einem sklerotischen politischen System wie dem österreichischen funktioniert das jedoch nicht. Ein solches System führt, wie wir das anhand der Theorie der institutionellen Sklerose von Mancur Olson schon festgemacht haben, zwingend zu gegenseitigen Blockaden.

Das Ergebnis ist Reformstau. Wie groß der Stau schon geworden ist und wie schnell der Pegel steigt, zeigt die Geschichte der Reformempfehlungen des Rechnungshofs. Dessen damaliger Präsident Josef Moser hatte erstmals 2009 ein rund 400 Vorschläge umfassendes Vorschlagspaket für eine dringend notwendige Verwaltungsreform geschnürt. Die überarbeitete Neuauflage 2011 enthielt dann die berühmt gewordenen 599 konkreten Vorschläge für die Umsetzung dieser Verwaltungsreform. Als Moser fünf Jahre später in Pension ging, war die Zahl der Vorschläge auf mehr als 1000 angewachsen. Umgesetzt war von den ursprünglichen Vorschlägen wenig. Politiker sehen das freilich anders: Nationalratspräsidentin Doris Bures hatte vor einiger Zeit einmal öffentlich erklärt, sie verstehe die Aufregung um die Rechnungshofvorschläge grundsätzlich nicht. Schließlich setze die Regierung 80 Prozent der Empfehlungen dieses parlamentarischen Kontrollorgans um. Das stimmt. Allerdings betrifft die Umsetzung überwiegend Kleinigkeiten aus Randbereichen. Die wirklichen Reformvorschläge, die, die in die Tiefe der Strukturen gehen, greift niemand an. Und wenn ein Regierungsmitglied einmal vorwitzig wird, wie beispielsweise der Finanzminister beim jüngsten Finanzausgleich, holt es sich bei der Betonfraktion mit einiger Sicherheit einen blutigen Kopf.

Dabei wäre gerade dort das große Geld beziehungsweise der große Kick für die Wirtschaft zu holen. Man müsste nicht einmal die Welt neu erfinden. Detaillierte Vorschläge für eine Modernisierung des Staates liegen zuhauf in den diversen Regierungsschreibtischladen herum. Man müsste sie nur herausziehen und umsetzen. Schließlich war der Rechnungshofpräsident ja nicht der Einzige, der sich Gedanken über die notwendige große Staats- und Verwaltungsreform gemacht und vor dem Weg in die Pension noch 1007 Vorschläge dafür hinterlassen hat. Es gibt auch ein umfassendes

Reformkonzept des Wirtschaftsforschungsinstituts WIFO. Es gibt detaillierte Reformvorschläge von anderen Wirtschaftsforschungsinstitutionen. Es hat noch unter Schüssel einen Staatskonvent gegeben, von dem so gut wie alle Reformvorschläge unverwirklicht geblieben sind. Und es haben ein paar von den jeweiligen Regierungen eingesetzte Reformkommissionen sowie Kommissionen zur Evaluierung der Arbeit dieser Reformkommissionen gewerkt. Nur: Geschehen ist halt leider so gut wie nichts. Es war im Prinzip nicht mehr als teure Beschäftigungstherapie für Wirtschaftsforscher und regierungsnahe Experten.

Es geht um viele Milliarden

Dabei geht es um viel Geld. Je nach Reformkonzept wird die theoretisch mögliche Gesamteinsparung auf insgesamt zehn bis 25 Milliarden Euro geschätzt. Letzteres entspricht ungefähr den Einnahmen aus der Mehrwertsteuer oder der Lohnsteuer, also der beiden größten Steuerpositionen im Land. Nur zum Vergleich: 15 Milliarden müsste man einsparen, um die abenteuerlich hohe Steuer- und Abgabenquote auf deutsches Niveau zu senken. Das ist durchaus nicht utopisch. Immerhin erzielten die Deutschen mit einer Steuer- und Abgabenquote von 40 Prozent in den vergangenen Jahren permanent Budgetüberschüsse, während die Österreicher mit einer um fast 5 Prozent höheren Quote nicht das Auskommen fanden und die Budgetlöcher mit immer höheren Schulden stopfen mussten. Vielleicht liegt der Unterschied darin, dass die Deutschen mit der „Agenda 2010" und „Hartz IV" einen Teil der Ausgabenreformen, die Österreich schon so lange unerledigt vor sich herschiebt, bereits vor 15 Jahren durchgezogen haben. Es ist nun einmal so, dass man strukturelle Ausgabenprobleme nicht durch Schulden und höhere Einnahmen, sondern nur durch Eindämmung der Ausgaben lösen kann. Etwas plastischer: Es hilft herzlich wenig, in ein mit Löchern übersätes Fass immer mehr Wasser hineinzuschütten. Wenn man die Löcher nicht stopft, wird es immer wieder herausrinnen.

Kritiker der vorliegenden Reformvorschläge meinen, die genannten Einsparungssummen seien Maximalwerte und völlig unrealistisch. Zumindest auf kurze Sicht kann man dem zustimmen, denn viele der strukturellen Reformen würden erst mittel- oder langfristig spürbare monetäre Auswirkungen zeigen. Das ist aber noch kein Antireformargument. Denn erstens gibt es auch Bereiche – etwa das aus den Fugen geratene Förderwesen –, in denen kurzfristig sehr viel Geld freizuspielen wäre. Zweitens: Selbst wenn man in einer ersten Stufe nur 10 Prozent des Potenzials realisieren würde, wären das bis zu 2,5 Milliarden Euro. Eine Summe, mit der man schon sehr viel Zukunftsträchtiges anfangen kann. Von der wirtschaftsbelebenden Wirkung, die ein Zurückstutzen der Bürokratie auf ein vernünftiges Maß hätte, reden wir da noch gar nicht.

Man muss nur einmal anfangen. Das Problem ist natürlich, dass vor der Sanierung der zahlreichen Reformbaustellen eine sinnvolle Baustelleneinrichtung stehen muss: nämlich eine grundlegende Föderalismusreform und eine Neupositionierung der Sozialpartner. Der mit Abstand schwierigste Part kommt also zuerst. Denn dass Länder und Sozialpartner plötzlich im Sinne des gesamtstaatlichen Interesses agieren und zu diesem Zweck auch den einen oder anderen Nachteil für ihre eigene Kernklientel in Kauf nehmen würden, ist eher nicht sehr realistisch.

Nehmen wir trotzdem an, dass Sozialpartner, Länder und Regierung aus Staatsräson ausnahmsweise an einem Strang ziehen, dann sind folgende Baustellen abzuwickeln:

- Der Staatshaushalt ist zu sanieren. Österreich gibt, wie schon erwähnt, seit mehr als 40 Jahren permanent mehr aus, als es einnimmt. Und das, obwohl die Steuerquote von Rekord zu Rekord eilt und die Steuerbelastung im internationalen Vergleich sehr hoch ist. Es ist ein Hase-Igel-Problem: Wo immer die Einnahmen hinkommen, die Ausgaben sind schon dort.

- Die Verwaltung ist zu straffen. Österreich hat die Verwaltungsstruktur eines Großreichs in die Republik herübergerettet und beim EU-Beitritt noch eine Verwaltungsebene oben draufgepappt bekommen, ohne unten eine wegzuschneiden. Das ist teuer und wirtschaftshemmend. Bürokratie hat die Tendenz, neue Bürokratie zu erzeugen. Das Ergebnis ist eine wirtschaftslähmende Gesetzesflut.

- Das Steuersystem ist umfassend zu reformieren. Es ist belastend und wenig zukunftssicher, weil es sehr stark auf der Besteuerung menschlicher Arbeit beruht, die im Zuge der kommenden Digitalisierung schrumpfen wird. Kommt es nicht zu neuen Schwerpunktsetzungen, wackelt das gesamte Sozialsystem.

- Dieses Sozialsystem ist sehr gut ausgebaut, im internationalen Vergleich aber sehr teuer. Und es ist voll mit

Fehlanreizen, wenn es etwa über Sozialleistungen Sogwirkung auf Armutseinwanderung ausübt oder zu wenige Anreize für den Umstieg auf Arbeitseinkommen bietet. In zwei Bereichen – Pensionen und Gesundheit – steuert es ohne umfassende Reformen definitiv auf die Unfinanzierbarkeit zu.

- Das Förderwesen ist völlig entgleist. Österreich schüttet, bezogen auf die Wirtschaftsleistung, fast doppelt so viel Geld in den Förderbereich wie der Rest Europas, ohne zu evaluieren, was diese Förderungen überhaupt bewirken und ob es sich um sinnvoll eingesetztes Geld handelt. Hier sind bei klugen Reformen kurzfristig große Summen zu heben.

- Die Bildung ist ein spezielles Kapitel: Österreich gibt im internationalen Vergleich außerordentlich viel Geld für den Bildungssektor aus und erreicht damit außerordentlich durchschnittliche Ergebnisse: blamables Mittelmaß beim PISA-Test, die Universitäten in internationalen Rankings nicht unter den ersten hundert. Hier sind umfassende Reformen gefragt, die über die bisher am heftigsten diskutierte Frage, wer die Parteibücher der Lehrer kontrollieren darf, weit hinausgeht.

Es gibt also viel zu tun. In den folgenden Kapiteln werden wir uns diese Baustellen einmal näher ansehen.

Bremser I

DER FÖDERALISMUS

Die Republik ist so konstruiert,
dass sich de facto neun Bundesländer
eine Bundesregierung halten.

Wie hoch sind eigentlich die finanziellen Risken, die auf der Republik lasten? Eine gute Frage, die auch der von der Regierung als Beratungs- und Überwachungsorgan eingesetzte Fiskalrat nicht exakt beantworten kann. Dessen Chef, Bernhard Felderer, beklagte einmal öffentlich, dass es keinen wirklichen Überblick über die tatsächlichen Risken gebe. Das hat mit einer seltsamen Eigenheit dieser Republik zu tun: Es gibt zurzeit noch immer keine einheitliche Rechnungslegung unter den Gebietskörperschaften. Österreich ist ein Art Unternehmen, in dem die örtlichen Filialleiter Finanzberichte nach Gutdünken erstellen. Das heißt: Ein Unternehmen ist die Republik natürlich nicht, denn als solches wäre sie bei solchen Praktiken längst ein Fall für den Masseverwalter.

Jedenfalls bilanziert jedes Bundesland, wie es will. Einige

bilanzieren beispielsweise ihre Verbindlichkeiten aus Frankenkrediten, wie es sich gehört, zum Franken-Tageskurs und weisen damit, wie etwa Wien, hohe Währungsverluste aus. Andere, wie beispielsweise Niederösterreich, bilanzieren ihre Fremdwährungsdarlehen zum Kurs bei der Darlehensaufnahme – und können in ihren Rechenwerken damit so tun, als wären sehr reale Kursverluste, die nie wieder verschwinden werden, einfach nicht vorhanden. Dasselbe bei den Landeshaftungen: Die einen nehmen ihre Haftungsverbindlichkeiten zum Nominalwert in die Landesabschlüsse, die anderen rechnen sie mit aberwitzigen Risikogewichtungen klein. Die einen nehmen die auslaufenden Bankenhaftungen dazu, die anderen lassen sie einfach unter den Tisch fallen. Wie man seit der „Hypo Alpe Adria“ weiß, kann bei Bankenhaftungen ohnehin nichts passieren, nicht wahr?

Möglich macht das der sogenannte „österreichische Stabilitätspakt“, den der Bund mit seinen Ländern ausgehandelt hat. In diesem verpflichten sich die Länder zwar, strikte Haftungsobergrenzen einzuhalten. Allerdings: Was eine Haftung ist und wie die zu bilanzieren ist, bestimmen die Länder ebenso selbst wie die für sie geltende Obergrenze. Und: Bei einer Verletzung dieses Pakts gibt es selbstverständlich keine Sanktionen. Ausgehandelt wurde dieser für die Staatsfinanzen gemeingefährliche Unsinn übrigens vom jetzigen Raiffeisenmanager und damaligen Finanzminister Josef Pröll. Federführend auf der anderen Seite war über weite Strecken der damalige Chef der Landeshauptleutekonferenz, Erwin Pröll. Der Onkel des Vizekanzlers, das aber nur nebenbei.

Jedenfalls sorgt diese Paradeausgeburt des österreichischen Föderalismus für durchaus humorvolle Erlebnisse. So erfüllte beispielsweise Kärnten seine selbst gewählte Haftungsobergrenze von 185,35 Millionen Euro im Jahr 2014 voll und ganz. Dass das Land damals noch mit fast 14 Milliarden Euro für seine Pleitebank „Hypo Alpe Adria" haftete, war für den „Stabilitätspakt" nämlich nicht relevant. Lustig, nicht? Unnötig zu sagen, dass das Land Wien seine Haftung für die Verbindlichkeiten der Bank Austria (via AVZ-Stiftung) unter den Tisch fallen ließ und damit nur einen Bruchteil seines Haftungsrahmens ausschöpfte. Und dass das Land Niederösterreich aus 4,3 Milliarden Haftung für verkaufte Wohnbaudarlehen per „Risikogewichtung" 430 stabilitätspaktrelevante Millionen machte. Man kann sich vorstellen, wie viel ein solcherart zustande gekommener Stabilitätspakt über die wahre finanzielle Stabilität der Republik aussagt. Und man kann den Chef des Fiskalrats verstehen, wenn er angesichts solcher Zustände grantig wird.

Die Stillstandskommission

Diese Zustände haben allerdings eine lange Vorgeschichte. Schon im Sommer 1974 war dem damals noch recht jugendlichen Finanzminister Hannes Androsch angesichts des föderalen Rechnungslegungschaos der Kragen geplatzt. Androsch berief die sogenannte „Heiligenbluter Kommission" ein. Ihr Auftrag: die Ausarbeitung eines einheitlichen Rechnungswesens für alle Gebietskörperschaften der Republik. Zusammengesetzt war die Kommission aus Vertretern der Länder, der Städte und Gemeinden, der diversen

Interessenvertretungen und Sozialpartner. Androsch wollte einen Kompromiss, weshalb für die Kommission das Einstimmigkeitsprinzip galt.

Eine Jugendsünde des mittlerweile zum Industriellen mutierten Expolitikers. Denn nach der Einsetzung geschah 42 Jahre lang – nichts. Natürlich tagte die Kommission regelmäßig. Aber sie kam eben keinen Millimeter weiter. Die Verfassung hätte Androsch das Recht gegeben, gemeinsam mit dem Rechnungshofpräsidenten einfach ein für alle Gebietskörperschaften gültiges einheitliches Rechnungswesen über die Köpfe der Landeschefs hinweg zu verordnen. Das wäre allerdings ein Bruch der gewachsenen Realverfassung gewesen, den der damalige Finanzminister, wie übrigens alle anderen Finanzminister in den folgenden 42 Jahren, nicht riskierte. Bis auf Hans Jörg Schelling, der das Rechnungslegungschaos jetzt beendet. Zwar auch in Form eines Kompromisses mit den Ländern, obwohl der Bund seit 2007 ein modernes Buchhaltungssystem hat und dieses den Ländern einfach hätte überstülpen können. Aber immerhin: Die schlimmsten Camouflagetechniken, etwa das Kleinrechnen von Haftungen, sind ab 2019 nicht mehr möglich. Und die Länder müssen künftig wie der Bund moderne Buchhaltungsregeln anwenden, einen Vermögensstatus erstellen und beispielsweise Schuldenstände einheitlich ausweisen. Damit man nicht nur die Abschlüsse von Österreich und Frankreich leicht miteinander vergleichen kann, sondern auch die von Tirol und Niederösterreich. Wenn das 2019 in Kraft tritt, werden seit der Heiligenbluter Vereinbarung exakt 45 Jahre vergangen sein. Manches dauert hierzulande eben ein bisschen länger.

Ich habe diese unendliche Geschichte hier so ausgebreitet, weil sie mehrere Dinge sehr schön illustriert. Auf der einen Seite die mühsame Konsensfindung und die umfassende Blockadefähigkeit der österreichischen Form des Föderalismus. Und auf der anderen Seite die Macht der Länder, gegen die Bundesminister reihenweise einknicken. Im Prinzip halten sich hier neun Länder eine Bundesregierung. Dass ein Staat so auf Dauer nicht wirklich gut funktionieren kann, sollte nicht verwundern. Eigentlich ist der Austroföderalismus ja ein uralter Hut, der längst angepasst werden müsste. Die föderale Verfassung des Landes stammt aus dem Jahr 1920 und ist auf die damaligen politischen Verhältnisse zugeschnitten. Es ging im Prinzip darum, die Reste der gescheiterten Monarchie zusammenzukleben und die Gegensätze zwischen den beiden größten Parteien, den Sozialdemokraten und den Christlich-Sozialen, unter einen gemeinsamen Staatshut zu bringen. Ein schwieriges Unterfangen, denn die Sozialdemokraten waren Befürworter eines starken Zentralstaats. Und die Konservativen wollten von Wien möglichst unabhängig agierende Länder.

Beim Versuch, diese krassen Gegensätze unter einen Kompromisshut zu bringen, wurde der Grundstein für das institutionelle Blockadegebäude gelegt, das uns heute noch das politische Leben schwer macht. Die föderale Verfassung funktionierte in der Ersten Republik auch nicht wirklich gut: Schon 14 Jahre nach der Gründung schlitterte das politisch instabile Gebilde in einen Bürgerkrieg. Der eigentliche Fehler passierte aber nach dem Zweiten Weltkrieg: Im Gegensatz zu den Deutschen, die aus der Katastrophe ihrer Weimarer Republik Konsequenzen zogen und eine neue Verfassung aufsetzten, übernahm Österreich das Vorkriegs-Gesetzeswerk in der Fassung von 1929. Wenigstens die Parteienlandschaft hatte sich in Richtung Konsens verändert, sodass der zweite Anlauf vorerst durchaus erfolgreich war. Aber die föderalen Beziehungen begannen, ein seltsames Eigenleben zu entwickeln.

Im Prinzip war Österreich, wiewohl eigentlich von den Ländern gegründet, für einen föderalen Staat sehr zentralistisch organisiert und ist es theoretisch immer noch. Die Länder haben keine Steuerhoheit und damit praktisch keine eigenen Einkünfte, sondern beziehen ihr Geld über den Finanzausgleich vom Bund. Sie haben kein eigenes Justizsystem, ihre Gesetzgebungskompetenz ist auf relativ wenige Bereiche beschränkt. Auf Bundesebene existiert zwar ein Zweikammersystem mit dem österreichweit gewählten Nationalrat und dem von den Ländern beschickten Bundesrat. Letzterer ist im politischen Leben der Republik aber so bedeutungslos geworden, dass regelmäßig seine Abschaffung diskutiert wird. Von der Verfassung her haben wir also einen eher schwach ausgeprägten Föderalismus in einem starken Zentralstaat.

Die ungeschriebene Realverfassung

Das tägliche Leben bestimmt allerdings nicht die geschriebene Verfassung, sondern die gewachsene „Realverfassung“, die sich über die Jahrzehnte ausgebildet hat. Und da zeigt sich: Die Macht wohnt in einer Institution, die in der geschriebenen Verfassung gar nicht vorgesehen ist: der Landeshauptleutekonferenz. Das ist jetzt keine Verschwörungstheorie, sondern sozusagen amtlich: Auf der Webseite des Parlaments (www.parlament.gv.at) findet sich unter dem Punkt „Parlament erklärt" der bemerkenswerte Satz: „Angesichts des Übergewichts der Bundeskompetenzen ist Österreich ein relativ schwach ausgeprägter Bundesstaat. Auch der Bundesrat hat bis auf wenige Ausnahmen nur ein aufschiebendes Veto. Als ein wesentlicher Machtfaktor in der politischen Realität hat sich aber die verfassungsmäßig nicht verankerte Landeshauptleutekonferenz herausgebildet."

Die Landeshauptleutekonferenz: rechtlich gesehen ein Plauderverein von Landeshauptleuten, in der Praxis das Machtzentrum der Republik. Eines, das seine Machtfülle durchaus ernst nimmt. Per Listenwahlrecht nehmen die Landeshauptleute, die in der Regel gleichzeitig auch Parteichefs sind, massiven Einfluss auf die personelle Zusammensetzung ihrer Parlamentsfraktionen. Und damit auch auf die Bundespolitik. Auch bei der Besetzung von Ministerämtern geht ohne die Landeschefs gar nichts. Außer in jenen Bereichen, wo die Sozialpartner „Erbpacht" besitzen, etwa im Sozial- oder im Wirtschaftsministerium. Die Länder sitzen also praktisch mit am Ministerratstisch, was besonders augenscheinlich wurde, als Bundeskanzler Christian Kern einmal seinen Innenminister (ein Posten, der seit Längerem der ÖVP Niederösterreich „zusteht") dabei outete, als sich dieser sein Abstimmungsverhalten aus dem Ministergremium heraus von seinem niederösterreichischen „Landesherrn" per SMS genehmigen ließ.

Diese Bundesländerdominanz führt teilweise zu seltsamen Investitionsentscheidungen auf Bundesebene, wenn etwa reichlich umstrittene bis wirtschaftlich unsinnige

Milliardenprojekte des Bundes auf Druck der Länder beschlossen werden. Der wahrscheinlich zehn Milliarden Euro teure Brenner-Basistunnel zwischen Tirol und Italien ist so ein vom Bund erfülltes Wunschprojekt der traditionell starken Tiroler Landeschefs. Wirtschaftlich und verkehrstechnisch ergibt er wenig Sinn: Die vorhandene Brenner-Eisenbahnstrecke ist bei Weitem nicht ausgelastet und die Zulaufstrecken in Italien und Deutschland, ohne die das Projekt verkehrstechnisch völlig sinnlos ist, sind teilweise noch nicht einmal geplant. Der ebenfalls ein paar Milliarden Euro teure Koralmtunnel zwischen Kärnten und der Steiermark, über den Verkehrsexperten witzeln, man müsste Klagenfurt und Graz täglich in die jeweilige Gegenrichtung evakuieren, um ihn kommerziell sinnvoll zu machen, gilt wiederum als „Jörg-Haider-Gedächtnisstollen“. Der verstorbene Kärntner Landeshauptmann, der seinem Land auch auf anderen Gebieten – beispielsweise mit der Landesbank „Hypo Alpe Adria“ – enormen Schaden hinterließ, hatte das zweifelhafte Bauwerk in Wien unter anderem mit der Begründung durchgedrückt, dass „Kärnten auch einmal etwas bekommen“ müsse.

Kritik an solcher Milliardenvernichtung ist angesichts der Ländermacht aus dem politischen Bereich heraus nicht möglich. Ein ranghoher Bahnmanager sagte mir einmal im vertraulichen Gespräch: „Den Brenner brauchen wir noch weniger als die Koralm.“ Um dann am nächsten Tag in einer öffentlichen Stellungnahme die Wichtigkeit dieser Verkehrsbauwerke für die österreichische Wirtschaft hervorzuheben. So wird in Österreich eben Investitionspolitik gemacht.

Aber nicht nur solche in Wien durchgedrückten Prestigeprojekte machen die Bundesländer zur „Geldvernichtungsmaschine", wie das der frühere Finanzminister und jetzige Industrielle Hannes Androsch gern nennt. Mehr noch sind es die intransparenten Kompetenzverflechtungen, Doppelstrukturen und Finanzströme zwischen dem Bund und den Ländern, die den heimischen Föderalismus zum Fass ohne Boden machen. Das Grundübel ist der sogenannte Finanzausgleich, der regelmäßig zwischen Ländern und Bund verhandelt wird. Die Länder haben ja kaum eigene Einkünfte. 95 Prozent ihrer Budgets werden vom Bund über diesen Finanzausgleich dotiert.

Das System lautet: Der Bund zahlt, die Länder geben aus. Ein System, das zur Verschwendung geradezu einlädt und das so nicht auf Dauer funktionieren kann. Zumindest dann nicht, wenn Geld nicht unbegrenzt zur Verfügung steht. Kein Wunder, dass der Rechnungshof nicht müde wird, hier eine „Zusammenlegung von Einnahmen- und Ausgabenverantwortung" einzumahnen. Was aber nicht so einfach ist, denn die Länder haben es sich in diesem System sehr bequem eingerichtet. Die meisten wollen gar nicht über Steuerhoheit eigenes Geld einnehmen. Mit dem müsste man ja auskommen. Die wesentlich bequemere Methode ist es, im Falle erhöhten Finanzbedarfs vom Bund mehr Geld zu fordern. Was man ja meistens auch bekommt.

Zu sehen war das sehr schön bei den jüngsten Finanzausgleichsverhandlungen im Herbst 2016. Finanzminister Hans Jörg Schelling hatte geplant, diese Finanzierungsverhandlungen als Hebel für eine vorsichtige Föderalismusreform zu nutzen. Über eine verstärkte „Wirkungsorientierung" sollten die Länder gezwungen werden, mehr Rechenschaft über die vom Bund erhaltenen Mittel abzulegen. Gleichzeitig hätte es eine vorsichtige Kompetenzbereinigung und eine kleine Kurskorrektur in Richtung von mehr Einnahmenverantwortung für die Länder geben sollen. Am Ende der Verhandlungen des Finanzministers mit der (wie gesagt verfassungsmäßig gar nicht vorgesehenen) Landeshauptleutekonferenz stand ein voller Erfolg – für die Länder. Zwar konnte der Finanzminister Spuren der gewünschten Wirkungsorientierung durchsetzen und vage Zusagen über die Ausarbeitung einer Föderalismusreform in den kommenden Jahren erhalten. Unterm Strich stand aber eine kaum angekratzte Bundesländermacht. Und 300 Ländermillionen mehr aus dem Staatssäckel. Ein weiterer Beweis dafür, wer das Sagen im Lande hat. Wobei der Finanzausgleich manchmal auch reichlich kontraproduktive Seiten hat.

Ein besonders krasses Beispiel hierfür war die unterdessen wieder abgemilderte Bankensteuer. Diese war eingeführt worden, um den Bund für seine zweistelligen Milliardenaufwendungen für die Bankenrettungen zumindest teilweise zu entschädigen.

Der Finanzausgleich funktioniert so, dass annähernd ein Drittel aller Steuereinnahmen des Bundes an die Gebietskörperschaften überwiesen werden. Rund zwei Drittel dieser Summe (also etwas mehr als 20 Prozent der Gesamtsteuereinnahmen) behalten sich die Länder, der Rest wird an die Gemeinden weitergereicht. Wenn der Bund eine Bankensteuer einhebt, geht ein gutes Fünftel davon an die Länder. Ein nicht geringer Teil der Bankenrettungs-Aufwendungen durch den Bund entfiel auf die

„Hypo Alpe Adria". Einer Kärntner Landesbank, die von einem größenwahnsinnigen Landeshauptmann an die Wand gefahren worden war. Worauf der Bund das Land Kärnten, das für die Verbindlichkeiten seiner Bank haftete, per Bank-Notverstaatlichung vor dem sicheren Konkurs retten musste. Weil sich andere österreichische Landesbanken bei Hypo-Anleihen mit Milliarden engagiert hatten, hätten auch diese Länder im Falle eines Zusammenbruchs der Kärntner Bank samt deren Eigentümern gröbere finanzielle Probleme bekommen.

Diese Länder, die dem Bund einen Milliardenschaden verursacht hatten, bekamen zur Belohnung also auch noch ein Fünftel jener Bankenabgabe, die der Bund zur Begrenzung dieses Milliardenschadens eingehoben hatte. Ein absurdes System! Der Fall „Hypo Alpe Adria" zeigt aber noch eine andere gefährliche Facette des heimischen Föderalismus: Obwohl die Länder eigenständige Gebietskörperschaften sind und sich der Bund um deren Gebarung nicht kümmern müsste, steht die „Zentralmacht" im Falle des Falles als Retter in allerletzter Not bereit. Gebietskörperschaftsinsolvenzen, international durchaus üblich, sind hierzulande unbekannt. Und es gibt auch keine gesetzliche Regelung für die „Abwicklung" eines pleite gegangenen Bundeslandes.

Kurz zusammengefasst: Die Ausgaben der Länder werden vom Bund gedeckt, ohne dass dieser auch nur den geringsten Einfluss auf die Verwendung dieser Gelder hätte. Wenn sich ein Land aber verspekuliert, springen alle österreichischen Steuerzahler in Form des Bundes ein. Eine Konstellation, die „moral hazard" geradezu herausfordert.

Zumal sich die Länder nicht gerne kontrollieren lassen. Möglich wird das durch deren realpolitische Machtstellung und durch eine sehr hohe Form von Intransparenz, die die Landesfürsten eisern verteidigen. Der „Hypo Alpe Adria"-Skandal beispielsweise konnte nur so eskalieren, weil die vorgesehenen Prüfinstitutionen systematisch ausgeschaltet wurden. Der Rechnungshof wurde mit einem administrativen Trick vor die Tür bugsiert: Das Land brachte vor einer drohenden Rechnungshofprüfung einen Teil seiner Hypo-Beteiligung in eine vom Land kontrollierte „Mitarbeiterstiftung" ein, womit der Landesanteil an der Landesbank offiziell unter die Prüfgrenze fiel. Die Prüfer von Finanzmarktaufsicht und Nationalbank wurden mittels politischen Drucks, den Jörg Haider in Wien ausübte, kaltgestellt. Legendär waren öffentlich gewordene interne E-Mails der Nationalbank, in denen sich frustrierte Hypo-Prüfer über ihre eigenen positiven Bewertungen für die Bank lustig machten.

„Transparenz" kommt im Wortschatz der Landeskaiser offenbar gar nicht vor. Nicht nur, weil der Finanzausgleich in der Zwischenzeit so kompliziert geworden ist, dass die Finanzabteilungen der Länder selbst nicht mehr durchblicken. Was sich 2016 drastisch zeigte, als der Rechnungshof mehrere Länder wegen Falschberechnung der Bedarfszuweisungen an die Gemeinden rüffelte. Am schönsten lässt sich das am Schicksal der sogenannten „Transparenzdatenbank" illustrieren. Diese war vom Bund 2011 gegründet worden, um die zahlreichen und teuren Parallelförderungen Vergangenheit werden zu lassen. Das Förderwesen, auf das wir später in diesem Buch noch zurückkommen werden, gehört ja zum Intransparentesten, was diese Republik zu bieten hat.

Gefördert wird auf vier Ebenen (EU, Bund, Land, Gemeinden), es gibt aber keine Koordination zwischen diesen Ebenen, und eine Förderhand weiß nicht, was die andere tut. In der Transparenzdatenbank hätten alle diese Förderungen aufgelistet werden sollen. Man hätte abgleichen und Mehrfachförderungen eliminieren können. Hätte. Aber leider weigern sich die Länder, diese Transparenzdatenbank zu befüllen. Mit windigen Argumenten (etwa, dass das zu hohe Kosten verursache) wurde diese Einrichtung bisher torpediert. Und auf mehr als die Erarbeitung einer Studie über die Sinnhaftigkeit dieser seit sechs Jahren existierenden, aber ziemlich leeren Datenbank hat man sich bisher nicht einigen können. Lediglich eine Erfassung der Umwelt- und Energieförderungen konnte bisher durchgesetzt werden.

Was auch kein Wunder ist, wenn man sieht, wie einige Landesfürsten mit Transparenz umgehen. Am Beispiel des Anfang 2017 aufgepoppten Skandals um die mit Steuerzahlergeld dotierte Privatstiftung des niederösterreichischen Landeshauptmanns Erwin Pröll: Diese Zuwendungen basieren auf Landesregierungsbeschlüssen, über die nicht einmal der Landtag informiert war. Der hat nämlich kein Informationsrecht über Regierungssitzungen. Was aus den Regierungssitzungen nach außen dringen darf, bestimmt eine einzige Person: der Landeshauptmann. Ein sauberes Sittenbild für eine westliche Demokratie!

Man sieht, im heimischen Föderalismus läuft vieles schief. Unklare Strukturen und Kompetenzverteilungen sorgen für Partikularismus und ermöglichen Blockadehaltungen, mangelnde Finanzverantwortung sorgt für sinnlose Ausgabenorgien, die Realverfassung in den Ländern schaltet Kontrolle aus, zumal die Landtage diese Funktion nicht erfüllen. Eine umfassende Föderalismusreform gilt deshalb als Voraussetzung dafür, dass andere wichtige Reformen dieses Staates überhaupt erst angedacht werden können. Ohne Neuordnung der Bund-Länder-Beziehungen bleibt alles Stückwerk. Eine Mammutaufgabe, an der schon viele gescheitert sind. Zuletzt die Regierung Schüssel, die 2004 einen großen Staatskonvent einberief, der umfassende Vorschläge vorlegte. Umgesetzt konnte davon aber so gut wie nichts werden.

Bremser II

DIE SOZIALPARTNER

Die Sozialpartner haben Großes beim Aufbau des Landes geleistet. Aber mittlerweile sind sie zum strukturkonservativen Verhindererblock mutiert.

Im Frühsommer des Jahres 2016 platzte Vizekanzler Reinhold Mitterlehner der Kragen. Die Sozialpartner, beschied er in einem Interview mit der Tageszeitung „Kurier", müssten sich „komplett ändern". Sie hätten ihre Lösungskompetenz verloren und ihre Tätigkeit würde sich darauf konzentrieren, der Regierung unerfüllbare Forderungspakete vor die Füße zu knallen. Sinngemäß meinte er damit: Aus der einstigen Konsensfindungsmaschine, die nicht unwesentlich am wirtschaftlichen Erfolg der Zweiten Republik mitgewirkt hatte, sei ein Haufen von Klientelpolitikern geworden, die nur noch die Interessen ihrer eigenen Mitglieder im Sinn und das Gesamtwohl aus den Augen verloren hätten. Aus einer staatstragenden sei eine Blockadeorganisation geworden.

Klare und harte Worte für einen, der selbst einen großen

Teil seines Berufslebens im Topmanagement einer Sozialpartnerorganisation verbracht hat. Unter anderem als Generalsekretär der Wirtschaftskammer, einer Organisation, in der alle 460.000 Unternehmen des Landes verpflichtend Mitglied sein und Beiträge zahlen müssen. Und mutige Worte dazu. Denn die Sozialpartner – Wirtschaftskammer, Landwirtschaftskammer, Arbeiterkammer und ÖGB – sind ein Machtfaktor im Land, der jenem der Bundesländer durchaus ebenbürtig ist. Ohne sie geht gar nichts. Sie stellen fast ein Viertel der Parlamentsabgeordneten und besetzen sechs der 14 Regierungssitze. Sie haben ihre Vertreter nicht nur in den Spitzen von Exekutive und Legislative sitzen, sie besitzen mit dem Begutachtungsrecht auch die Möglichkeit, Gesetze aller Art schon im Vorfeld zu beeinflussen.

Mitterlehner selbst sitzt als Wirtschaftsminister auf einem großkoalitionären „Erbpacht-Sessel" der Wirtschaftskammer beziehungsweise des die Wirtschaftskammer dominierenden ÖVP-Wirtschaftsbundes. Der Sozialministerposten wiederum „gehört", solange es die große Koalition aus SPÖ und ÖVP gibt, der SPÖ-dominierten Gewerkschaft. Jener des Gesundheitsministers ebenso. Der ÖGB ist übrigens die einzige Sozialpartnerorganisation, deren Mitgliedschaft auf Freiwilligkeit beruht. Alle anderen knöpfen ihren Pflichtmitgliedern zwangsweise Beiträge ab. Die Sozialpartner dominieren auch den Bereich der Sozialversicherungen, also der Krankenkassen, Unfall- und Pensionsversicherungen. Die sind ihnen im Rahmen der sogenannten Selbstverwaltung übertragen worden. Eine unglaubliche Machtposition, denn mehr als die Hälfte jener gut 170 Milliarden Euro, die der Gesamtstaat im Jahr zu verteilen hat, fließt in den

Sozialbereich. Und eine unglaubliche Reformbaustelle: Die Struktur des Sozialversicherungssystems ist undurchschaubar, intransparent und widerspricht allen Prinzipien der modernen Verwaltung. Also nicht gerade ein Hinweis auf überragende Managementkompetenz dieses Machtblocks. Dazu kommen wir später noch.

Einen entsprechend blutigen Kopf holte sich der Vizekanzler nach seiner entnervten Kampfansage: Man lasse sich von einer Regierung, die selbst nichts weiterbringe, nicht kritisieren, beschied Wirtschaftskammerchef Christoph Leitl. Mitterlehner solle sich um seine eigene Agenda kümmern. Und der Regierungspartner SPÖ, sonst selten einer Meinung mit der Unternehmerkammer, schlug sich flugs auf die Seite der Sozialpartner. Die Sozialpartnerschaft sei „ein toller Bestandteil der österreichischen Realpolitik", verkündete der mächtige Wiener Bürgermeister. Und „überhaupt nicht überholt".

Den Reformbremser-Vorwurf konterte der von der SPÖ gestellte Sozialminister – als ehemaliger Topgewerkschafter ein prononcierter Vertreter der Sozialpartnerschaft – nebenbei mit einem ziemlich entlarvenden Satz: „Manchmal ist es auch wichtig, zu bremsen." Das taten die Sozialpartner dann auch ausgiebig. Im Herbst 2016 beispielsweise brachten sie mit Genuss die vergleichsweise ambitionierte Gewerbesteuerreform von Bundeskanzler Christian Kern und Vizekanzler Reinhold Mitterlehner um. Dabei hatte im Vorfeld sogar die in Paris ansässige Organisation für wirtschaftliche Zusammenarbeit (OECD) die Regierung in Wien aufgefordert, die viel zu strikten Zugangsregeln zum Unternehmertum, die die Wirtschaft beträchtlich beeinträchtigen und Wachstumsverluste verursachen, deutlich zu lockern. Allerdings hatten auch die Experten in Paris die Rechnung ohne die heimischen Blockade-Interessenvertreter gemacht, die auch noch öffentlich auf ihr Bremserimage stolz sind. Eine kleine Pikanterie am Rande: Während der Gewebeordnungsverhandlungen hatten der rote Gewerkschaftsbund und die schwarze Wirtschaftskammer in Zeitungen Gemeinschaftsinserate geschaltet, in denen sie gegen die Reformbestrebungen der rot-schwarzen Bundesregierung zu Felde zogen. Besser kann man nicht demonstrieren, wo in diesem Lande der wirtschaftspolitische Hammer hängt.

Gleichzeitig mit dem Gewerbeordnungsgezerre zeigten die Sozialpartner auch noch, wie ein echter Kuhhandel funktioniert: Die schwarze Landwirtschaftskammer hatte die Idee, ihren gerade von Milchpreisverfall und Wetterkapriolen geplagten, milliardenalimentierten Bauern noch ein paar Millionen zuzustecken. Und zwar per Erlass der Sozialversicherungsbeiträge für das letzte Quartal 2016. Praktisch, denn so mussten die öffentlichen Agrarförderungen nicht ausgeweitet werden. Die sind ja üppig genug: 2,6 Milliarden im Jahr kommen aus den diversen Budgets, von der EU bis zur Gemeinde, und 2,3 Milliarden schießen die Steuerzahler der anämischen (und jetzt per Rabatt zusätzlich ausgeräumten) Bauern-Sozialversicherung zu. Macht knapp fünf Milliarden Euro Förderung im Jahr für eine Branche, deren gesamter Produktionswert bei 6,3 Milliarden Euro liegt. Bitte dieses System jetzt nicht auf die Gesamtwirtschaft hochrechnen. Man sieht mit freiem Auge, dass ein solches, auf die Gesamtwirtschaft angewendet, binnen Sekunden zu Staatsbankrott und Zusammenbruch führen würde. In der Sozialpartnerorganisation

Landwirtschaftskammer und im diese Kammer dominierenden ÖVP-Bauernbund – die wahrscheinlich rückwärtsgewandtesten Organisationen dieses Landes – findet man das offenbar ganz normal. Dort ist man ja, wir haben es schon erwähnt, der Meinung, man selbst und die vielen Steuerzahlermilliarden seien dazu da, Strukturwandel zu verhindern. Oder zumindest stark abzubremsen.

Aber wir schweifen ab: In einem Land, in dem der Finanzminister gerne sein „Ausgabenproblem" beschwört, das seit den 1970er-Jahren kein einziges Mal mit seinen Einnahmen ausgekommen ist, dessen ungelöstes Pensionsfinanzierungsproblem Experten schlaflose Nächte bereitet, hätte man als Antwort auf solche Sonderwünsche eigentlich eine beliebte Stehfloskel aus dem Beamtensprachschatz erwartet: „Könn'ma net, hamma noch nie so g'macht, da könnt' ja ein jeder kommen!" So funktioniert Sozialpartnerschaft aber nicht. Die basiert viel mehr auf Abtausch. Denn auch die andere Reichshälfte hat Wünsche, die sich der finanzklamme Staat eigentlich nicht leisten könnte oder, besser gesagt, sollte. Beispielsweise eine Extrazahlung für die Pensionisten in Form eines „Pensionshunderters".

Und so bekommt am Ende des Tages jeder etwas: die Bauern ihren Rabatt, die Pensionisten ihren Hunderter und die rote Arbeitnehmer-Sozialversicherung 30 Millionen aus der schwarzen Bauern-Sozialversicherung. Ist ohnehin egal, denn die Bauernversicherung ist ja sowieso nur zu einem Viertel durch eigene Beiträge gedeckt. Am Ende muss also so oder so der Finanzminister zusehen, wo er die Millionen für diese Sause herzaubert. Eine sehr gelungene Übung: Drei Sozialpartner (der vierte in Form der Wirtschaftsvertretung wollte nicht als Spaßverderber auftreten und blieb ruhig) haben ihrer Klientel ein bisschen was zugesteckt – und gleichzeitig gezeigt, wer der Herr im Haus ist und was sie von einer Sanierung der Staatsfinanzen halten.

Vom Konsens zum Lobbyismus

So war das Ganze bei der Gründung der Sozialpartnerschaft eigentlich nicht geplant. Da ging es eher um einen Konsensfindungsmechanismus zwischen Arbeitgeber- und Arbeitnehmerinteressen. Christdemokraten und Sozialdemokraten waren (nicht zuletzt durch die Erfahrung gemeinsamer Verfolgung durch die Nationalsozialisten) zu dem Schluss gekommen, dass der in der Zwischenkriegszeit praktizierte unüberbrückbare Klassenkampf vielleicht nicht die allerbeste Methode für die Prosperität eines Landes sein kann. Unmittelbar nach Kriegsende, im September 1945, begründeten die Wiener Handelskammer und die Arbeiterkammer Wien deshalb ein gemeinsames Komitee zur Beratung dringender sozialpolitischer Probleme. Die ersten Gehversuche der Sozialpartner waren also auf Wien beschränkt, wenngleich die Pflichtmitgliedschaftsorganisationen Arbeiterkammer und Handelskammer (jetzt: Wirtschaftskammer Österreich) schon gegründet waren.

Die eigentliche Geburtsstunde der institutionalisierten Sozialpartnerschaft schlug 1947, als ÖGB, Arbeiterkammer, Handelskammer und die inzwischen dazugestoßene Präsidentenkonferenz der Landwirtschaftskammern eine „ständige gemeinsame Wirtschaftskommission" zur Beratung der Regierung auf die Beine stellten, die bis 1951 fünf Lohn-Preis-Abkommen zustande brachte. Zehn Jahre später, 1957, wurde es ernst: Bundeskanzler Julius Raab, vorher Chef der Handelskammer, und ÖGB-Präsident Johann Böhm einigten sich auf die Einsetzung der Paritätischen Kommission für Lohn- und Preisfragen. Eine nicht unwichtige Einrichtung, denn im Wiederaufbauboom hatte sich die Inflationsspirale gefährlich zu drehen begonnen. Die Aufgabe der Kommission: Preiserhöhungen sollten vor dem Wirksamwerden auf „Notwendigkeit" geprüft, Lohnforderungen der Gewerkschaften schon vor dem offiziellen Verhandlungsbeginn auf deren vertretbare Höhe und Dringlichkeit abgeklopft werden. Ein dirigistischer Ansatz, aber ein damals sehr erfolgreicher. Ohne grünes Licht der „Paritätischen" konnten Lohnverhandlungen gar nicht beginnen. In der „Paritätischen" waren nicht nur die vier Sozialpartner vertreten, sondern auch die Regierung. Die Kommission existiert in anderer Form heute noch, fungiert jetzt aber als Thinktank der Sozialpartner zur Ausarbeitung von Vorschlägen für die Regierung.

Die Zusammensetzung war, der Name sagt es schon, paritätisch: Jedem Schwarzen hatte ein Roter gegenüberzusitzen. Damit war der Grundstein dafür gelegt, dass Österreich in den folgenden Jahrzehnten von ÖVP und SPÖ – in unterschiedlichster Machtkonzentration – dominiert werden konnte. Zuletzt allerdings mit starken Erosionserscheinungen, was – wie wir später noch sehen werden – auch mit der mangelnden Wandlungsfähigkeit der Sozialpartner zu tun hat. In den Nachkriegsboomjahren war das jedenfalls ein Modell, um das Österreich in ganz Europa beneidet wurde: Während Lohn- und Preiskonflikte anderswo in Demonstrationen und Streiks zum Schaden der Volkswirtschaft auf der Straße ausgetragen wurden, setzten sich hierzulande die Sozialpartner zusammen und suchten Konsenslösungen. Die sie normalerweise auch fanden.

Ihre Hochblüte erlebte die Sozialpartnerschaft in den Siebziger- und frühen Achtzigerjahren mit dem legendären Präsidentenduo Rudolf Sallinger (Wirtschaftskammer) und Anton Benya (ÖGB), bei denen auch die persönliche Verständigungsebene hervorragend klappte. Die beiden schnapsten sich im buchstäblichen Sinn des Wortes die heimische Wirtschafts- und Sozialpolitik aus. Was dann am Ende herauskam, hatte auch umgesetzt zu werden.

Benya hatte, wiewohl weder Parteichef noch Bundeskanzler, seine SPÖ fest im Griff ,und wer in der ÖVP gegen Sallinger aufmuckte, bekam schnell ein politisches Ablaufdatum verpasst. Denn der wegen seiner Statur und seines Temperaments „Kugelblitz" genannte Kammerchef war im Gespräch zwar konziliant, hatte aber Widerspruch, speziell von hierarchisch unter ihm Stehenden – und als solche betrachtete er auch „seine" Wirtschaftsbundabgeordneten und Regierungsmitglieder – nicht so gerne. Wer das auszutesten versuchte, dem wurde die inhaltliche Bedeutung des Wortes „Choleriker" sehr schnell recht eindrucksvoll demonstriert.

Mit dem Abgang des legendären Duos begann dann auch der Stern der sozialpartnerschaftlichen Nebenregierung langsam zu sinken. Dazu trug auch die schwere Krise der Staatsindustrie bei, die auf politischer Ebene zu einem starken Einflussverlust des bis dahin gängigen Staatsinterventionismus führte. Den Tiefpunkt erlebten die Sozialpartner knapp nach der Jahrtausendwende, als die schwarz-blaue

Wenderegierung versuchte, den Einfluss dieser Institution auf null zu setzen und speziell die rote Sozialpartnerhälfte – Arbeiterkammer und ÖGB – aus dem politischen Entscheidungsprozess zu drängen.

Der Gegenangriff erfolgte nach dem Ende der Ära Schüssel mit Macht. Die Folge: Seit 2008 ist die Sozialpartnerschaft samt den dazugehörigen Institutionen in der Verfassung verankert und damit nicht mehr angreifbar. Wer immer Wesentliches an dieser Konstruktion ändern möchte – etwa die überholte Pflichtmitgliedschaft abschaffen – muss die von Sozialpartnern durchsetzte Regierung zu einem einschlägigen Gesetzesentwurf bewegen, der den vom Einstimmigkeitsprinzip gekennzeichneten Ministerrat passieren kann. Und danach im Parlament, dessen Abgeordnetenplätze zu einem Viertel von Sozialpartnern besetzt sind, eine Zweidrittelmehrheit schaffen. Ein ambitioniertes Unterfangen. Dabei ist eine umfassende Reform dieser Nachkriegseinrichtung dringend angesagt. Denn sie erfüllt ihre Aufgabe nur noch rudimentär und ist zu einem zukunftsgefährdenden Bremsklotz für die Modernisierung des Landes geworden.

Kein Instrument für Verteilungskämpfe

Das hat leicht nachvollziehbare Gründe: Ein derartiges Konfliktlösungsinstrument funktioniert sehr gut in einem stark staatsinterventionistisch ausgerichteten System, in dem Wirtschaft von oben herab verordnet werden kann. Ein solches System gibt es seit dem Ende der Verstaatlichten Industrie vor gut einem Vierteljahrhundert aber nicht mehr.

Ein solches kartellartiges System funktioniert auch sehr gut, wenn es viel zu verteilen gibt. Was in den Boomjahren der Wiederaufbauzeit der Fall war. Wenn die Wirtschaft schnell wächst, ist es für Lobbyisten (und das sind die Sozialpartner) kein großes Problem, sich auf die Größe der zusätzlich zu verteilenden Kuchenstücke zu einigen. Stagniert die Kuchengröße oder nimmt sie nur sehr langsam zu, kommt es aber zu heftigen Verteilungskämpfen. In diese Phase sind wir spätestens mit der Finanzkrise 2008 geschlittert. Und sie wird uns nicht so schnell wieder loslassen.

In so einer Phase sind die Sozialpartner jetzt angelangt. Die Folgen sind gegenseitige Blockaden und Blockaden der Regierung, wenn diese versucht, in vermeintlich „wohlerworbene" Rechte einzugreifen. Wobei: Der vom Vizekanzler geäußerte Vorwurf, die Sozialpartner würden „Klientelismus" betreiben, ist als solcher natürlich absurd. Natürlich tun sie das. Dafür sind sie ja da. Und das erwarten auch ihre (Zwangs)Mitglieder, die dafür ja Beiträge abliefern müssen. Die Tragödie ist nicht, dass die Sozialpartner für ihre jeweiligen Mitglieder kämpfen. Die Tragödie ist, dass sie ihre divergierenden Interessen nicht mehr wie früher unter ein für den Staat nützliches Gesamtkonzept bringen. Was zu sehr großen Teil eben am kleineren zur Verteilung bereitstehenden Kuchen liegt.

Der übliche Kuhhandel, pardon, Interessenausgleich, funktioniert ja nur in einer boomenden Verteilungswirtschaft gut. Nach dem eingangs geschilderten Schema „Gibst du mir den Sozialversicherungsrabatt für meine Bauern, gebe ich dir den Hunderter für deine Pensionisten". Fein, wenn der Finanzminister in Geld schwimmt. Blöd, wenn er dafür, wie das in Österreich der Fall ist, wohl zusätzliche Schulden aufnehmen muss. Das alles führt zu Blockadehaltungen und Reformbaustellen, die die Sozialpartner zu ihren Glanzzeiten ruck, zuck erledigt hätten. Jetzt hingegen wird das Baustellenverzeichnis immer länger. Ein kleiner Auszug:

- Die Gewerbereform ist am Widerstand der Sozialpartner gescheitert. Aus der geplanten umfassenden Zugangserleichterung für Jungunternehmer ist ein Reförmchen mit kleinen kosmetischen Retuschen geworden. Dabei gilt der schwierige Zugang zum Gewerbe unterdessen als einer der Hauptgründe für die schwache Wirtschaftsentwicklung und die geringe Dynamik bei Unternehmensgründungen. Dass die Ausschaltung von Konkurrenz nicht gerade ein Arbeitsplatzturbo ist, hat sich in Sozialpartnerkreisen noch nicht herumgesprochen.

- Die ewige Geschichte Ladenschluss: Österreich hat noch immer eine der striktesten Rollbalkenverordnungen der westlichen Welt. In der Städtetourismusmetropole Wien stehen kaufkräftige Wochenendtouristen Sonntag für Sonntag vor geschlossenen Geschäften. Wer abends ausgeht, kann sein Geld für vieles verwenden, aber nicht für Shopping. Wenn ein Geschäftsmann eine zeitliche Marktnische sieht, in der alle anderen geschlossen haben, kann er diese nicht nutzen. Denn unternehmen ist außerhalb der bürokratisch festgelegten und kammeramtlich abgesicherten Zeiten auch Unternehmern, die ohne Angestellte selbst hinter der Budel stehen, nicht erlaubt. Wer immer dagegen argumentiert – und sei es noch so schlüssig –, dem fahren die Sozialpartner mit

Vehemenz über den Mund. Zuletzt hat das der Wiener ÖVP-Chef Gernot Blümel im Dezember 2016 zur Kenntnis nehmen müssen, der sich bei einem entsprechenden Vorstoß eine blutige Nase geholt hat.

Arbeitnehmer- und Arbeitgeberorganisationen marschieren durchaus gemeinsam gegen zeitgemäßen Wettbewerb. Bei Teilen der Wirtschaftskammer bröckelt die Front freilich ein wenig. Wahrscheinlich bemerken die Kämmerer langsam selbst, dass es ein bisschen seltsam anmutet, initiativen Geschäftsleuten die Rollbalken vor der Nase herunterzuziehen. Und dann in Pressekonferenzen wortreich zu jammern, dass der 24/7-offene Onlinehandel den Kaufleuten vor Ort immer mehr Geschäft wegnimmt.

Die Liste ließe sich endlos fortsetzen. Die Sozialpartner haben bisher kein vernünftiges Modell für eine Pensionsreform (das sie in einer Kommission ausarbeiten sollten) vorgelegt, sie haben bisher keine vernünftige Sozialversicherungs-Strukturreform, für die sie im Rahmen der Selbstverwaltung ursächlich zuständig wären, abgeliefert. Sie sind sich in Arbeitsmarktfragen uneinig. Sie reklamieren sich in die Schulpolitik, ohne ein tragfähiges gemeinsames Schulkonzept in der Tasche zu haben. Kurzum: Ihre Umsetzungsfähigkeit steht in seltsamem Kontrast zu ihrer Machtfülle. Das ist zukunftsgefährdend, denn gerade in ihren Kernbereichen – Arbeitsmarkt, Soziales, Unternehmenspolitik – kündigt sich mit der Digitalisierung („Industrie 4.0“) eine enorme Umwälzung an. Wie diese bewältigt wird, wird darüber entscheiden, ob Österreich weiter in der ersten Liga der Industrieländer mitspielt und ob es sein Wohlstandsniveau einigermaßen hält.

Interessenpolitik für Funktionäre

Die Politik, die die Dramatik des kommenden Umbruchs noch nicht ausreichend erkannt hat (oder zumindest noch nicht erkennbar ausreichend darauf reagiert) wird da sehr viel Flexibilität und Bereitschaft zu Tabubrüchen zeigen müssen. In solch einer Situation ist eine Politik, die von einem strukturell versteinerten und falsch konstruierten Föderalismus und von einer strukturell versteinerten Sozialpartnerschaft dominiert wird, eine Katastrophe. Eine, die seit dem Sündenfall der Regierung Gusenbauer im Jahr 2008 aber nicht mehr leicht korrigierbar ist: Die Sozialpartner sind wie gesagt verfassungsmäßig abgesichert.

Eine Reform müsste also von innen kommen. Das wird schwer. Die einzige Kammer, die in den vergangenen Jahrzehnten eine echte Reform erlebt hat, war die Wirtschaftskammer: Deren Präsident Christoph Leitl hat sie bei seinem Amtsantritt zur Jahrtausendwende verschlankt. Und er hat angekündigt, vor seinem Abgang noch einmal eine interne Verwaltungsreform durchzuziehen. Das macht die Interessenvertretung der Wirtschaft beweglicher, ändert aber am grundsätzlichen Problem der Sozialpartnerschaft nichts. Wirklich strukturelle Eingriffe werden von innen nicht kommen. Zwar stehen in den nächsten beiden Jahren gleich in drei Sozialpartnerorganisationen – Arbeiterkammer, ÖGB und Wirtschaftskammer – Generationswechsel an. Die aber wohl keine Wende bringen werden, denn die potenziellen Nachfolger sind durch die Bank gestandene Altsozialpartner, die den Mechanismus des institutionellen Kuhhandels von der Pike auf gelernt haben. Ein Mechanismus, der sichtbar nicht mehr gut funktioniert. Hoffnung lässt erst die nächste Generation zu: Aus den Jugendorganisationen von Gewerkschaft und Unternehmerverbänden tönt schon regelmäßig Kritik am institutionalisierten Interessenabtausch. So lange kann das Land aber nicht mehr warten. Zumal ja die Gefahr besteht, dass auch die Sozialpartner-Jungspatzen auf ihrem Weg durch die Institutionen altsozialpartnerschaftlich sozialisiert werden.

Die Sozialpartnerschaft hat im vorigen Jahrhundert einen großartigen Beitrag zu unser aller Wohlstand geleistet. Aber wie so viele Relikte aus dieser Zeit passt sie in dieser Form nicht mehr in unser aktuelles Leben. Sie hat in der Bevölkerung noch erstaunlich große Zustimmungswerte. Leute, die hinter die Kulissen blicken, sind unterdessen entsetzt. Der Präsident der Industriellenvereinigung, Georg Kapsch, hat die Sozialpartner bei einer Konferenz im Oktober 2016 „Totengräber Österreichs" genannt. Kapsch: „Den Föderalismus, wie wir ihn heute leben, und die Sozialpartnerschaft, wie wir sie heute leben, hat nichts mit Interessenausgleich zu tun. Da geht es nicht einmal mehr um Klientelpolitik, da geht es nur noch um Interessenpolitik für Funktionäre. Auf beiden Seiten."

Ein scharfer Befund. Ich werde später trotzdem versuchen, ein Reformmodell zu entwerfen.

Baustelle I

DER STAATSHAUSHALT

Der Staat gibt seit Jahrzehnten permanent mehr aus, als er einnimmt. Ein Hase-Igel-Problem: Wo immer die Einnahmen hinkommen, die Ausgaben sind schon da.

Knapp 24 Milliarden Euro sind eine Menge Geld. Man könnte damit beispielsweise dreieinhalb Jahre lang die Zinsen für die nicht geringe österreichische Staatsschuld bezahlen. Oder die Koralmbahn und den Brennertunnel zur Gänze finanzieren. Die gesamten Bildungsausgaben mehr als verdoppeln wäre auch noch eine Möglichkeit. Kein Wunder, dass um die Verwendung dieses Geldes Anfang 2017 eine intensive politische Diskussion entbrannt ist. Der Finanzminister würde damit gerne die Steuern senken und/oder die Staatsschuld abbauen, dem Wirtschaftsminister schwebt eher eine Ausweitung der Investitionen zwecks Wirtschaftsankurbelung vor. Und viele Interessenverbände hätten auch präzise Vorstellungen, was mit diesen 23,7 Milliarden, dem Budgetüberschuss des Jahres 2016, gemacht werden könnte.

Am Wort Budgetüberschuss erkennen wir aber schon, dass hier nicht von Österreich die Rede sein kann. In dieser paradiesischen Situation befindet sich unser Nachbarland Deutschland, das seit vielen Jahren mehr einnimmt als es ausgibt. Obwohl die Steuerschraube dort wesentlich lockerer angezogen ist als bei uns: Die Deutschen müssen mit einer Steuer- und Abgabenquote von 40 Prozent des Bruttoinlandsprodukts (BIP) das Auslangen finden. In Österreich war die Steuer- und Abgabenquote schon über 45 Prozent, ehe sie 2016 durch die sogenannte Lohnsteuerreform, die in der Realität ja nur eine Teilrückvergütung der in den Jahren zuvor aufgelaufenen kalten Progression war, wieder ein bisschen unter diesen Horrorwert gedrückt wurde.

Nur so zum Vergleich: Vier Prozentpunkte Unterschied machen auf das österreichische BIP bezogen rund 14 Milliarden Euro aus. Um so viel würde Österreich weniger an Steuern und Abgaben einnehmen, wenn die Steuerbelastung auf das deutsche Niveau zurückgenommen würde. Eine Horrorvorstellung für jeden alpenrepublikanischen Finanzminister. Denn hierzulande kommt man auch mit wesentlich höheren Steuereinnahmen nicht aus. Nie. Die verlässlichste Konstante in diesem Land ist das Budgetdefizit. Egal ob die Wirtschaft schwächelt oder brummt, im Budget steht unterm Strich ein Ausgabenüberschuss. Seit nunmehr 46 Jahren in ununterbrochener Reihenfolge. Nicht einmal das damals viel bejubelte Nulldefizit des schwarz-blauen Finanzministers Karl-Heinz Grasser war eines. Dabei hatte der Schwiegermutterliebling alle Trickregister gezogen, um sein Prestigeprojekt über die Bühne zu bringen: forcierte Privatisierungen, Verkauf von Goldreserven (zu einem, nachträglich besehen, sehr schlechten Preis), Schuldenverstecken durch forcierte Auslagerungen, irre Steuererhöhungen (etwa eine 13. Umsatzsteuervorauszahlung), die zur bis dahin höchsten Steuerquote in der Geschichte der Republik führten. Vergebliche Liebesmüh: Es ging sich trotzdem knapp nicht aus. Und ein Jahr später war der Defizitblues wieder fixer Bestandteil der Budgetpolitik.

Wir haben ein ernstes Ausgabenproblem

Warum das so ist, dafür hat der aktuelle Finanzminister Hans Jörg Schelling, eine einfache Erklärung, die er immer wieder herunterbetet: „Wir haben ein Ausgabenproblem." Soll heißen: Das Fass, in das die Steuereinnahmen hineingeschüttet werden, hat zu viele Löcher, durch die das Geld wieder herausrinnt. Je mehr man oben hineinschüttet, desto mehr fließt unten heraus. Oder, um es am Hase-Igel-Gleichnis festzumachen: Wo immer die Staatseinnahmen hinkommen, die Staatsausgaben sind schon da. 2017 beispielsweise plant der Finanzminister für den Bund 73,16 Milliarden an Einnahmen. Und 77,63 Milliarden Euro an Ausgaben. In der Staatskasse werden also rund viereinhalb Milliarden Euro fehlen. 2016 war es ähnlich. Ausgaben von 76,45 Milliarden Euro standen Einnahmen von 71,83 Milliarden Euro gegenüber. Das Loch: ebenfalls knapp fünf Milliarden.

Dass die Staatsschulden 2017 trotzdem erstmals seit Menschengedenken nicht nur in Relation zum BIP, sondern auch absolut sinken werden, hat demgemäß wenig mit staatlicher Sparsamkeit und viel mit buchhalterischen Feinheiten zu tun: Die zweistelligen Milliardenbelastungen aus der Abwicklung der Pleitebanken „Hypo Alpe Adria", (alte) „Kommunalkredit" und ÖVAG waren schon 2014 in voller Länge auf die Staatsschuld angerechnet worden und hatten diese überproportional aufgeblasen. Jeder Euro, der jetzt aus der Verwertung der Bankenleichen hereinkommt, verringert diese Schuld naturgemäß im selben Ausmaß. Von einem Stopfen der Ausgabenlöcher kann aber weiter keine Rede sein.

Natürlich: Der Finanzminister würde gerne entsprechende Reformen angehen. Der Bundeskanzler hat auch schon Ansagen in diese Richtung gemacht. Die Felder für diese Reformen sind auch abgesteckt: Verwaltung, Föderalismus, Förderwesen, Pensionen, Gesundheit, Sozialsystem, Bildung: Überall hat sich ein Ausgabenwildwuchs gebildet. Überall ließe sich durch bloße Effizienzsteigerung viel Geld heben, ohne dass dadurch sinnvolle Leistungen verschlechtert oder gar abgebaut werden müssten. Aber überall in diesen Gebieten kommen den potenziellen Reformern die bereits geschilderten Bremsklötze in die Quere. Und so bleibt es meist bei schönen Ankündigungen, mit viel PR-Tamtam garnierten Plänen („Plan A") und Scheinaktivitäten für die Galerie.

Nicht erst seit heute. Die Ausgabenprobleme des Staates sind ja seit Längerem bekannt. Und jeder Politiker weiß, dass der Karren an die Wand fährt, wenn nichts unternommen wird. Das kann sehr schnell gehen. Die viel gescholtene Regierung Faymann, eine Art Personifizierung des Stillstands im Land, hatte beispielsweise ab 2011 drei sogenannte Konsolidierungspakete auf den Weg gebracht, deren Nettoeinsparungseffekt im Jahr 2015 schon 11,4 Milliarden Euro ausmachte. Ohne diese Pakete hätte Österreich, wie man unschwer erkennt, ein ziemlich gravierendes Budgetproblem. Von Einhaltung der Maastricht-Defizitgrenze (maximal 3 Prozent des BIP) würde dann jedenfalls keiner mehr reden, dafür würden internationale Ratingagenturen beginnen, Alarmismus zu verbreiten. Das wurde durch diese „Sparpakete" verhindert.

Na bitte, geht doch! Wer sich seine jetzt aufgekommene Jubelstimmung nicht gleich wieder verderben lassen möchte, sollte sich allerdings einen Blick hinter die Kulissen dieses „Sparerfolges" verkneifen. Der ist nämlich reichlich ernüchternd. Der Budgetdienst des Parlaments, also eine Institution, die eher nicht im Verdacht steht, der Regierung eins auswischen zu wollen, hat diesen Blick gewagt. Die dabei entstandene Studie „Umsetzung der Konsolidierungspakete und Offensivmaßnahmen ab 2011" kurz zusammengefasst: Irgendeine Spur von Nachhaltigkeit ist in den Konsolidierungspaketen nicht zu entdecken. Die sogenannten „Einsparungen" waren keine, sondern zum überwiegenden Teil Steuer- und Abgabenerhöhungen. Bei den Sozialabgaben wurde durch eine außerordentliche Erhöhung der Höchstbeitragsgrundlage für die Sozialversicherung auch kräftig zugelangt.

Was auf die 11,4 Milliarden Euro „Einsparungsvolumen" noch fehlte, steuerte die sogenannte „kalte Progression" bei. Also die Nichtanpassung der Steuerstufen an die Inflation, die dazu führt, dass Lohnsteuerzahler Jahr für Jahr Hunderte Millionen mehr ans Finanzamt abliefern, als sie aufgrund ihres Realeinkommens eigentlich müssen. Wir kommen auf dieses für Finanzminister sehr einträgliche

Phänomen im nächsten Kapitel über die „Steuerhölle“ noch zurück. Und EZB-Chef Mario Draghi hat mit seiner Nullzinspolitik auch noch einen erklecklichen Anteil daran. 1,6 Milliarden Euro ersparte sich der Bund bei den Zinszahlungen für seine immer billiger werdende Staatsschuld. Das ist übrigens der einzige Posten bei den „Sparpaketen“, wo sich der Staat wirklich etwas erspart. Beim Rest handelt es sich um das sogenannte „einnahmenseitige Sparen“. Eine euphemistische Wortschöpfung, die zeitweilig bei heimischen Politikern sehr beliebt war. Unterdessen hört man das aber kaum noch. Offenbar hat schon der Letzte in der Politikblase begriffen, dass sich die Wähler doch nur bis zu einem bestimmten Grad pflanzen lassen.

Die Kunst des Herausrechnens

Dabei haben solche Wortbehübschungen durchaus Tradition in diesem Land: Ältere erinnern sich noch an das „Minuswachstum“ nach den Ölschocks der 1970er-Jahre. Das klingt gleich besser als Rezession, nicht wahr? Den Jüngeren wird das „strukturelle Defizit“ in den Ohren liegen, mit dem uns nicht nur Hans Jörg Schelling regelmäßig quält. Dieses entsteht vereinfacht gesagt, wenn man alles, was wirklich Geld kostet, aus dem Haushaltsrechenwerk herausnimmt. Es ist liegt damit durchaus auf einer Stufe mit der Kern'schen Flüchtlings-Obergrenzen-Algebra, bei der die Zuwanderung von rund 60 000 Menschen im Jahr 2016, von denen 42 000 Asylanträge stellten, ein „knappes Unterschreiten“ der Asylobergrenze von 37 500 im Jahr ergab. Man wird an jenen Pleitier erinnert, der sich zufrieden zurücklehnt und sagt: „Wenn ich mir den Kredit für die Villa, die Leasingrate für den Ferrari und die Alimente für die fünf Kinder wegdenke, komme ich mit meinem Geld eigentlich hervorragend aus." Gut, dass das niemand so richtig mitkriegt, denkt sich diese Art von Politik ganz offenbar.

Erwähnt werden muss in diesem Zusammenhang auch noch die „Kerninflationsrate", aus der die Preissteigerungen für Energie und Nahrungsmittel herausgerechnet werden. Logisch: Wer braucht schon Energie und Lebensmittel! Und die Inflationsrate sieht gleich besser aus, wenn die größten Preistreiber nicht mehr drin sind. Ich erwähne das hier deshalb ein bisschen ausführlicher, weil wir das Wort Kerninflation in nächster Zeit wahrscheinlich öfter hören werden. Um den Jahreswechsel 2016/2017 hat sich die Teuerung in der Eurozone nämlich stark beschleunigt. Die Inflationsrate liegt jetzt fast überall schon verdammt nahe an jenen 2 Prozent, die sich die Euro-Währungshüter selbst als Zielwert verpasst haben.

Eigentlich müsste die Europäische Zentralbank (EZB) jetzt reagieren, um ein Davongaloppieren der Teuerung zu verhindern. Das heißt, sie müsste mit den Zinsen hochgehen und ihre Liquiditätsflutung durch Staatsanleihenkäufe zurückfahren. Das ist aber ein Problem, denn die meisten Euro-Länder haben ihre Budgets nicht so toll im Griff. Italien beispielsweise wäre bei einer Normalisierung der Zinsen auf Vorkrisenniveau sehr schnell ein Staatspleitekandidat. Aber auch Österreichs Finanzminister hätte es bei der Budgeterstellung deutlich weniger lustig.

Die Europäische Zentralbank scheint die Gefahr von neuen Staatskrisen durch steigende Zinszahlungen für die

Staatsschulden ernster zu nehmen als das Davonziehen der Inflation in wichtigen Mitgliedsländern: Sie hat ihr 2-Prozent-Inflationsziel durch das Einfügen zusätzlicher Kriterien schon deutlich relativiert. Und es verdichten sich auch die Hinweise darauf, dass die Währungshüter in ihrer Not draufkommen könnten, dass die Kerninflation die bessere Messzahl ist. Sie ist durch das Herausrechnen der im Preis besonders schnell steigenden Positionen „Energie" und „Nahrungsmittel" zu Beginn des Jahres 2017 ja auch nur etwas mehr als halb so hoch wie die „richtige", am Verbraucherpreisindex gemessene Teuerung.

Womit wir wieder beim strukturellen Defizit angelangt wären. Das ist von den EU-Finanzministern neuerdings zum Maß aller Dinge gemacht worden. Ein Staatshaushalt gilt nicht mehr als ausgeglichen, wenn sich Einnahmen und Ausgaben die Waage halten, sondern schon, wenn das strukturelle Defizit nicht größer als 0,45 Prozent des BIP ist. Das Angenehme: Bei dieser Kennzahl werden konjunkturelle Effekte und Einmaleffekte herausgerechnet. Konjunkturelle Effekte sind beispielsweise die budgetären Kosten, die durch die anhaltend schwache Konjunktur entstehen. Als Einmaleffekte gelten zum Beispiel die Milliardenkosten für die diversen Bankenrettungen. Österreich hat von der EU sogar die Erlaubnis erhalten, die direkten und indirekten Kosten für die Flüchtlingswelle herauszunehmen. Allein diese machen laut Fiskalrat der Republik 2,3 Milliarden Euro im Jahr aus. Aber das sind ja „Einmalkosten" – wenn auch jedes Jahr einmal ...

Das Ganze erinnert ein bisschen an die Auslagerungsorgien der vergangenen Jahrzehnte. Da war es ja üblich, die Eisenbahn, Landeskrankenhäuser oder sonstige öffentliche

Unternehmen in Kapitalgesellschaften auszulagern, für die die öffentliche Hand aber zu 100 Prozent zuständig war. Die Schulden dieser Gesellschaften waren ganz klar Staatsschulden, die aber im Staatsschuldenstand nicht sichtbar waren. Ja man konnte sogar wunderbar versteckt Schulden aufnehmen, indem man seine Assets de facto an sich selbst verkaufte. Etwa so: Ein Land gründet eine Krankenhausbetriebsgesellschaft und übernimmt für deren Verbindlichkeiten die volle Haftung. Diese jetzt voll kreditwürdige Gesellschaft nimmt ein Darlehen auf. Und kauft dem Land damit seine Krankenhäuser ab. Aus einem Kredit wird so im Landesbudget wie von Zauberhand eine Art Privatisierungserlös. Schön, nicht?

Zum Glück gibt es die EU. Diese hat dieser Budgettrickserei einen Riegel vorgeschoben und ihre Mitglieder, darunter Österreich, gezwungen, diese versteckten Schulden in den offiziellen Staatsschuldenstand aufzunehmen. Doch die Zeiten ändern sich. Jetzt haben wir in der EU das strukturelle Defizit. Und wieder können sich Länder mit Budgeterfolgen brüsten, die es so in der Realität nicht gibt. Weil der Staat ja auch für die Verbindlichkeiten, die man in dieser Aufstellung nicht sieht, geradestehen muss. Bevor jetzt Ökonomen die Nase rümpfen: Natürlich ist diese Kennzahl ein wichtiges Steuerungsinstrument im Budgetmanagement. Weil sie, vergleichbar mit dem operativen Ergebnis bei Unternehmen, viel über das laufende Geschäft aussagt. Aber als Marker für den finanziellen Zustand des Staates ist sie in der öffentlichen Diskussion nicht brauchbar. Sonst könnte sich der Finanzminister alle unangenehmen Reformbemühungen sparen. Immerhin wies der Gesamtstaat – Bund, Länder, Gemeinden – 2015 sogar einen leichten strukturellen Budgetüberschuss aus, während der Bund ein ganz kleines Minus verzeichnete. Was man mit Rechenkunststücken nicht alles erreichen kann!

Dabei entgleitet gerade den Bundesländern die finanzielle Gebarung zusehends. In Wien beispielsweise sind die Schulden in den vergangenen Jahren geradezu explodiert. Allein 2017 werden sie um 570 Millionen Euro wachsen. Bei Gesamteinnahmen von etwas mehr als zwölf Milliarden Euro. Auch die Steiermark und Niederösterreich verzeichnen dreistellige Millionenabgänge. Wie ernst es die Länder mit ihren Finanzen nehmen, hat das Land mit der höchsten Pro-Kopf-Verschuldung der Republik vorexerziert: Unmittelbar nach der endgültigen Rettung aus den Klauen der Hypo-Krise durch die Steuerzahler hatten die Kärntner nichts Besseres zu tun, als die Gagen ihrer Bürgermeister um bis zu 30 Prozent zu erhöhen. Allerdings wird das Leid der Länder heuer ja gelindert: Nachdem sie den Finanzminister bei den Finanzausgleichsverhandlungen wie erwartet in die Knie zwingen konnten, haben sie wieder ein paar Hundert Millionen mehr zum Verprassen.

Lauter Budgetbaustellen

Fast alle Reformbaustellen dieser Republik sind in Wirklichkeit Budgetbaustellen:

- Die Pensionsausgaben entwickeln sich nicht nur aus demografischen Gründen äußerst dynamisch. Praktisch die gesamten Lohnsteuereinnahmen gehen schon für die Pensionsfinanzierung drauf.

- Die Gesundheitsausgaben steigen viel stärker als die Inflation. Die Spitäler sind zwar überwiegend Landessache, nachdem die Länder aber nur über sehr geringe eigene Steuereinnahmen verfügen, ist das indirekt auch ein Bundesproblem.

- Die Verwaltung ist viel zu teuer. Sie gehört verschlankt. Basis dafür wären aber zuallererst Entflechtungen der Kompetenzen und vor allem der Finanzströme zwischen den Gebietskörperschaften.

- Die unübersichtliche Konstruktion des österreichischen Föderalismus führt zu zahlreichen teuren Parallelstrukturen.

- Diese machen vor allem das Förderwesen zu einer Geldvernichtungsmaschine.

- Das Bildungswesen, ein Paradebeispiel für geradezu abenteuerlich ineffiziente Bund-Länder-Strukturen ist im internationalen Vergleich nicht zuletzt deshalb sehr teuer, obwohl es nur mittelmäßige Ergebnisse liefert.

Diese sehr unvollständige Aufzählung zeigt schon, dass eine dauerhafte Budgetsanierung ohne eine umfassende Staatsreform nicht möglich ist. Ohne die Beseitigung des vom Finanzminister immer wieder konstatierten Ausgabenproblems werden die Staatsfinanzen weiter aus dem Ruder laufen. Einnahmenseitig, das haben die Beispiele mit den Konsolidierungspaketen der letzten Jahre gezeigt, geht nichts mehr. Vor allem nichts, was eine gewisse Nachhaltigkeit in sich birgt. Zumal das typische Politikerverhalten kontraproduktiv ist: Wenn mehr Geld da ist, wird mehr ausgegeben.

Manchmal sogar, wenn keines da ist: Linke Ökonomen fordern ja vehement, dass der Staat seine „Austeritätspolitik“ aufgeben und stärker auf Pump investieren solle. Ein gefährliches Unterfangen in einem Land, das mit knapp 300 Milliarden Euro verschuldet ist und weitere implizite Schulden von 700 Milliarden Euro aufweist. Implizite Schulden sind Verbindlichkeiten, die bereits fix zugesagt wurden (etwa für künftige Pensionen oder geplante Eisenbahnstrecken), aber für die entsprechende Kredite noch nicht aufgenommen wurden. Die Staatsverschuldung wird in absoluten Zahlen jedenfalls noch stark steigen, selbst wenn die Regierung das Neuschuldenmachen per sofort einstellen würde. Das heißt, schuldenmäßig gibt es nicht mehr viel Spielraum. Wenn man mehr produktiv investieren wollte – was grundvernünftig wäre –, muss man diesen Spielraum ausgabenseitig schaffen. Und dafür benötigt man die hier skizzierten Ausgabenreformen.

Übrigens: Wie unsinnig das Gerede von der Austeritätspolitik in Österreich ist, zeigen zwei Zahlen: Die Staatsausgabenquote, also der Anteil der Staatsausgaben am Bruttoinlandsprodukt, lag vor Ausbruch der Finanzkrise im Jahr 2007 bei 49,5 Prozent. Und im Jahr 2016 bei 51,6 Prozent. Die Quote war in der Zwischenzeit noch höher. Ihr leichter Rückgang hatte aber ausschließlich mit dem Rückgang der Zinszahlungen für die Staatsschuld aufgrund der EZB-Nullzinspolitik zu tun. Übrigens: In Deutschland liegt die Staatsausgabenquote bei 44 Prozent, im EU-Schnitt bei 48,5 Prozent. Der Staat hat sich in der Krise also nicht zu

Tode gespart, sondern seine Ausgaben deutlich erhöht. Etwas mehr als zwei BIP-Prozentpunkte entsprechen immerhin rund sieben Milliarden Euro.

Dass er das Geld nicht in produktive Investitionen gesteckt, sondern in möglicherweise überzogenen Sozialleistungen und in offenbar außer Kontrolle geratenen Verwaltungsstrukturen versenkt hat, ist eine andere Geschichte. Es gibt eben Ausgabenlöcher, die gestopft werden müssen. Dann klappt es mit dem Spielraum für Investitionen auch. Wobei: Es ist nicht egal, wofür der Staat das Geld ausgibt. Produktive Investitionen, die dauerhafte Werte schaffen, kann man durchaus auf Schulden finanzieren. Es gibt eine sehr kluge „goldene Regel" der Budgetpolitik, die besagt, dass Schulden nur für solche Investitionen aufgenommen werden dürfen. Alles andere sei aus den laufenden Einnahmen zu decken. Dazu braucht es – klar! – zuerst einmal ein saniertes Budget.

Austro-Keynesianer, aber nicht nur die, sind gerade dabei, diese goldene Regel gewaltig umzudeuten: Man solle, heißt es, Investitionen aus der Maastricht-Defizitgrenze herausnehmen. Das heißt, bis zu drei BIP-Prozentpunkte Neuverschuldung könnte für die normale Misswirtschaft verwendet werden. Dazu kämen dann noch Schulden für alles, was man irgendwie unter „Investition" subsumieren könnte. Das wäre wohl das Ende des ohnehin sehr brüchigen europäischen Stabilitätspakts. Und ein Dammbruch für das österreichische Budget. Keine sehr beruhigende Vorstellung.

Baustelle II

DIE SELTSAME WELT DER BÜROKRATIE

Österreich wird sehr gut, aber auch sehr intensiv verwaltet. Wir haben die Verwaltungsstruktur eines k. & k. Großreichs in einen Kleinstaat herübergerettet.

Wenn mich die Lust überkommt, ein besonders irreales Kunstwerk der Stilrichtung abstrakter Organigrammismus zu betrachten, zieht es mich nicht ins Museum für Moderne Kunst, sondern auf die Webseite des österreichischen Rechnungshofs. Dort findet sich der Band 2011/1 der Schriftenreihe „Positionen" zum Thema Verwaltungsreform 2011. Der mit den berühmt gewordenen 599 Vorschlägen des Kontrollgremiums zur Staats- und Bürokratiereform. Er ist voller Ablauforganigramme aus dem Staatsbereich, bei denen sich nicht nur Betriebswirtschaftler entgeistert an den Kopf greifen.

Das Highlight findet sich auf Seite 124: das System der Vollziehung für Land- und Forstwirtschaftliche Schulen in Österreich. Diese Schulen stellen einen relativ kleinen Teil des heimischen Schulwesens dar. Gerade einmal 18 000

Schüler werden hier auf ihre landwirtschaftliche Karriere vorbereitet. Und um diese 18 000 Schüler kümmern sich fünf Abteilungen aus zwei Ministerien und „diverse Abteilungen“ aus neun Landesregierungen. Insgesamt 45 Zuständigkeitslinien werden hier in einem wilden Geflecht zwischen Ministerien, Landesregierungen und Schulen hin und her gezogen. Man kommt aus dem Staunen nicht heraus und fragt sich, wie die es bei dieser Kompetenzstruktur überhaupt schaffen, morgens das Schultor aufzusperren. Besonders in jener Forstfachschule des Bundes, die zum Zeitpunkt des Besuchs der Rechnungshofkontrolleure ganze 42 Schüler hatte, die von insgesamt fünf Abteilungen unterschiedlicher Ministerien administriert wurden. Jedem Schüler sein persönlicher Verwaltungsbeamter, sozusagen. Das Organigramm spiegelt auch eine seltsame Organisationslogik wider. So sind beispielsweise Bund und Länder in den Fach- und Berufsschulen parallel für Angelegenheiten der Lehrerfortbildung zuständig. Die Stellenpläne macht der Bund, die Personalverwaltung obliegt den Ländern. Ein Konzept, das sich jemand ausdenken würde, dem man die Aufgabenstellung überträgt, möglichst viele Reibungspunkte in den Organisationsablauf hineinzupacken.

Hier ist im Kleinen alles enthalten, was man wissen muss, wenn man sich Gedanken über die Effizienz der heimischen Verwaltung macht: ein undurchschaubares Kompetenzdickicht zwischen einzelnen Gebietskörperschaften mit unklaren Abgrenzungen, ein Auseinanderklaffen von Finanzierungs- und Ausgabenverantwortung, Parallelstrukturen. Eine unnötige und teure, wenn auch historisch gewachsene Verkomplizierung von Abläufen, die sich auch ganz einfach gestalten ließen. Aber einfach geht in der Bürokratie gar nichts.

Man sieht das etwa an der Verwaltung von Flüssen. Ja, auch das muss sein. Die fließen zwar seit je her von selbst von oben nach unten. Aber sie benötigen, um ein Beispiel zu nennen, unter Umständen Hochwasserschutzbauten. Und die muss jemand bezahlen und errichten lassen. Natürlich könnte man jetzt hergehen und sagen: Das ist Bundessache. Oder Angelegenheit der Länder, durch die das Gewässer fließt. Aber das wäre nicht Österreich. Hier organisiert man das (wir greifen wieder auf ein Beispiel des Rechnungshofs zurück) so: Nach der Quelle, im Oberlauf, handelt es sich um ein „Wildgewässer", für das das Landwirtschaftsministerium zuständig ist. Später wird dieses Wildwasser zum „Interessentengewässer". Das ist ein „Bundesfluss", für den aber im Rahmen der mittelbaren Bundesverwaltung der Landeshauptmann verantwortlich wird. So lange, bis der Fluss breit und tief genug ist, dass Wasserfahrzeuge darauf fahren können. Dann mutiert der landesverwaltete „Bundesfluss" zur „Bundeswasserstraße", die jetzt dem Verkehrsministerium „gehört". Bis die Staatsgrenze in Sicht kommt. Dann wird das Ganze nämlich zum „Grenzgewässer" und wandert wieder zum Landeshauptmann, der diese Kompetenz erneut im Rahmen der mittelbaren Bundesverwaltung wahrnimmt. Bis der Fluss das Land verlässt, hat er also die Kompetenzbereiche mehrerer Ministerien und möglicherweise auch mehrerer Länder durchflossen. Dass es für notwendige Ausgaben in diesen Sektoren unterschiedliche Finanzierungsschlüssel gibt, in manchen sogar mehrere nebeneinander, versteht sich von selbst. Und dass da drei, vier fünf oder mehr Amtsstuben eine Arbeit erledigen, für die bei vernünftiger Organisation eine gereicht hätte, auch.

Zu lachen gibt es dabei wenig, denn eine solche Überbürokratisierung hat auch Folgen: „Die Kompetenzzersplitterung führte zu einer Reihe von negativen Folgewirkungen, wie zum Beispiel einer erschwerten Abwicklung von Katastrophenschutzmaßnahmen" und „zu trotz Gefährdung nicht realisierten Schutzmaßnahmen", schrieb der Rechnungshof nach einer Überprüfung solcher Maßnahmen an March und Thaya. Kompetenzzersplitterung ist also nicht nur eine Frage mangelnder Effizienz und damit eine der finanziellen Gesundheit des Staates. Sie kann, wie dieses Beispiel verhinderter Schutzmaßnahmen zeigt, durchaus auch die physische Unversehrtheit seiner Bewohner gefährden.

Blockierer schlagen unbarmherzig zu

Natürlich ist das alles nicht nur den politischen Entscheidern längst bekannt. Und man kann auch nicht sagen, dass sich diese politischen Entscheider keine Gedanken darüber machen: Verwaltungsreform und Entbürokratisierung finden sich seit Jahrzehnten in den Stehsätzen jeder Politikerrede. Und seit der Jahrtausendwende hat noch kein Regierungschef seine Amtszeit begonnen, ohne nicht irgendeine Art von Reformkommission oder zumindest eine Kommission zur Evaluierung von vorliegenden Reformvorschlägen zu installieren. Nur: Umgesetzt worden ist bisher nichts. Das heißt: Nichts kann man so auch nicht sagen. Immerhin hat ja selbst der bis Mitte 2016 amtierende Rechnungshofpräsident Josef Moser bestätigt, dass 80 Prozent der Vorschläge des Rechnungshofs umgesetzt wurden. Und es ist ja tatsächlich das Gerichtswesen ein bisschen gestrafft worden. Die Steiermark hat sogar Gemeinde- und Bezirkszusammenlegungen geschafft – allerdings sehr zum Unmut der dortigen Wähler. Aber im Wesentlichen verbirgt sich das Problem, das Österreich immer stärker belastet, in den restlichen 20 Prozent. Dort, wo es in die Strukturen geht. Und das ist genau der Punkt, wo die in diesen Strukturen gewachsenen Blockadekräfte unbarmherzig zuschlagen.

Das hatte in diesem Jahrtausend als erster Franz Fiedler bemerken müssen. Er hatte sich als mustergültig korrekter Rechnungshofpräsident hohes Ansehen erworben und war von der Regierung Schüssel 2003 als Vorsitzender des „Österreich-Konvents" eingesetzt worden. Seine Aufgabe: eine neue Verfassung auszuarbeiten, die Verwaltungsprobleme des Landes – Kompetenzüberschneidungen zwischen Gebietskörperschaften, Auseinanderklaffen von Ausgaben- und Einnahmenverantwortung etc. – beseitigen sollte. Kurzum: die längst nötige Staats- und Verwaltungsreform, die dieses Land so dringend braucht. Der Konvent arbeitete unter Einbeziehung hochrangiger Experten eineinhalb Jahre lang und legte eine erstklassige Arbeit vor. Nur: Umgesetzt wurde davon so gut wie nichts. Obwohl das Einsparungspotenzial der vom Konvent beschlossenen Maßnahmen einem Mitglied zufolge bei sagenhaften 16 Milliarden Euro gelegen wäre. Aber was ist schon eine Multimilliardeneinsparung, wenn sie auf der anderen Seite Kompetenzen von Landeskaisern beschneidet? Strukturschwächen kann man ja auch mit zusätzlichen Staatsschulden zudecken, dazu braucht man keine Reformen, nicht wahr?

Fiedler und sein Konvent waren damit zu Opfern genau jener Beharrungs- und Blockadekräfte geworden, denen sie per Verfassungsreform das Handwerk legen sollten. Und Fiedler scheute sich nicht, diese Blockadekräfte auch als solche zu benennen: Die Landeshauptleute hätten, so sagte er Anfang 2016 in einem Interview mit der Tageszeitung „Kurier", „eine Stellung, die ihnen in anderen föderalen Ländern nicht zukommt". Rechtlich gesehen hätten die Landeskaiser eigentlich gar keine Möglichkeit, dem Bund in die Suppe zu spucken. Auch die Landeshauptleutekonferenz nicht, ohne die im realen politischen Leben Österreichs gar nichts mehr geht. Diese habe keine juristische Verankerung, sei „ein juristisches Nihil" – und von diesem Nichts lasse sich die Republik treiben. Fiedler: „Sobald von einem Landeshauptmann ein hartes Wort kommt, ist die Diskussion beendet. Anders ausgedrückt: Da sitzen die Blockierer, die alle jene Reformen bisher verhindert haben, die zulasten der Landeskompetenz gegangen wären. Die Kompetenz liegt beim Parlament!" Schon, aber dieses Parlament setzt sich mehrheitlich aus Parlamentariern zusammen, die über die Landeslisten ihrer Parteien ins Parlament gerutscht sind. Und die, sollten sie auch nach der nächsten Wahl noch „Abgeordneter zum Nationalrat" auf ihrer Visitenkarte stehen haben wollen, auf das Wohlwollen ihres jeweiligen Landesparteichefs angewiesen sind. Bei der stimmenstärksten Partei im Land ist das in der Regel der Landeshauptmann. Womit sich der Teufelskreis schließt.

Diese nicht aufzubrechende Machtstruktur musste auch

Fiedlers Nachfolger Josef Moser zur Kenntnis nehmen, der sich nach der Übernahme des Amtes vom freiheitlichen Parteigänger zum unbestechlichen überparteilichen Kontrollor der Republik mauserte. Dem war die Verwaltungsreform ein besonderes Anliegen, dem er in regelmäßigen Abständen eigene Publikationen widmete. Zuletzt 2016, als er sich schließlich mit 1007 Vorschlägen in die Pension verabschiedete. Das Anwachsen der Reformpunkte ist ein sehr schöner Hinweis darauf, wie sich der Reformstau immer weiter und immer schneller aufbaut. Und wie sehr die Bundesregierung trotz aller durchgängig bemühten Reformrhetorik in diesem Punkt immer mehr ins Hintertreffen gerät, ja, man muss es so nennen, versagt.

Dabei war Wolfgang Schüssel ja keineswegs der letzte Regierungschef, der eine Verwaltungsreform andachte. Der viel geschmähte Werner Faymann setzte beispielsweise wenige Monate nach seiner Wahl, im Februar 2009, eine hochkarätige „Arbeitsgruppe zur Erarbeitung von Konsolidierungsmaßnahmen" ein, mit Experten des Wirtschaftsforschungsinstituts, des Instituts für Höhere Studien und des KDZ (Zentrum für Verwaltungsforschung). Auch dieses Gremium leistete, wie Fiedlers Konvent, hervorragende Arbeit. Was sich unter anderem in den erwähnten 599 Rechnungshofvorschlägen und in einem WIFO-Papier, in dem mögliche Milliardeneinsparungen aufgelistet waren, niederschlug.

Der einzige Fehler dieser hier erarbeiteten Konzepte: Sie wurden nicht umgesetzt. Besser gesagt: Sie konnten gegen Länder und Sozialpartner (die Beamtengewerkschaft, in deren Revier eine Verwaltungsreform eindringen muss, ist ja auch nicht ohne) nicht durchgesetzt werden. Als Faymann seine zweite Regierung zusammenstellte und dabei notgedrungen wieder das Reformthema ansprechen musste, war er schon schlauer: Die neu bestellte Kommission sollte nicht mehr Reformen ausarbeiten, sondern nur noch „Potenziale für Reformen" definieren. Damit konnte man Reformwillen signalisieren, ohne den eisenharten Blockierern wirklich in die Quere zu kommen. Kurz und gut: Die Regierung hatte keinen Bock mehr auf Verwaltungsreformen. Die letzte Hoffnung waren die bald anstehenden Verhandlungen um einen neuen Finanzausgleich mit den Ländern: Mit der Drohung, den Geldhahn zuzudrehen, hätten diese auf Reformlinie gebracht werden sollen. Ein Vorhaben, das, wie wir unterdessen wissen, kläglich gescheitert ist.

Unterdessen hat auch die neue Regierung Kern offenbar kapituliert: Man redet zwar von Reformen, aber es geht nicht mehr an die Strukturen. Es hat sich eingebürgert, dass nicht mehr Regierungs-Reformprogramme präsentiert werden, sondern von jedem Koalitionspartner Vorschläge für Schritt-für-Schritt-Reformen. Auch die sind wichtig, keine Frage. Aber sie lösen das Gesamtproblem nicht, weil dieses nur strukturell in den Griff zu bekommen ist. Und dieses Gesamtproblem ist nicht gerade klein: Die österreichische Verwaltung ist für das Land zu groß, sie wird durch unnötige, teure Parallelstrukturen in einem aus dem Ruder gelaufenen Föderalismus zusätzlich aufgeblasen. Sie ist gekennzeichnet durch ein Auseinanderdriften von Einnahmen- und Ausgabenverantwortung. Und sie tut das, was aufgeblasene Bürokratien immer tun: Sie füttert sich selbst, indem sie immer neue Gesetze erlässt, deren Vollzug wieder zusätzliche Bürokratie erfordert.

Beginnen wir mit Letzterem und blenden wir zurück zum letzten Ministerrat des Jahres 2015: Damals erklärten Vertreter der Regierung nicht ohne Stolz, sie hätten ihre Leistung im abgelaufenen Jahr um 35 Prozent auf 107 Gesetzesvorlagen gesteigert. Beeindruckend, zweifellos. Also ungefähr alle dreieinhalb Tage ein neues Gesetz. Tolle Leistung. Man könnte die Medaille natürlich auch von der anderen Seite betrachten und sagen, dass die meisten davon das Leben von Bürgern und Unternehmen verkomplizieren. Außerhalb des Verwaltungsbereichs zumindest. Aber das wird viele Mitglieder des Parlaments, das diese Gesetze dann beschließt, nicht stören: 40 Prozent von ihnen sind Beamte oder Vertragsbedienstete, obwohl der Anteil der Staatsdiener an der Bevölkerung nur rund 10 Prozent beträgt.

Wer hingegen wissen will, wie diese Gesetzesflut auf Staatsbürger ohne Staatspostenhintergrund wirkt, möge sich einmal mit dem Inhaber eines Klein- oder Mittelbetriebs unterhalten. Über die Lohnverrechnung beispielsweise: Die ist unterdessen zu einer Geheimwissenschaft geworden, die nur noch wenige Spezialisten beherrschen – und die Unternehmer zu hohen Ausgaben für eben diese Spezialisten zwingt. Verwunderlich ist das nicht: Seit dem Beginn dieses Jahrtausends, und das ist noch nicht so lange her, haben rund 450 Steuergesetze oder Änderungen von bestehenden Steuergesetzen den Nationalrat passiert. Also im Schnitt etwa alle zwei Wochen eines. Mit dem Effekt, dass der „Kodex der Steuergesetze 2016“ schon stolze 1572 Seiten umfasst – und damit doppelt so dick ist wie zur Jahrtausendwende.

Das beste Steuergesetz, das die Regierung jetzt machen könnte, wäre eine Art „Steuerentrümpelungsgesetz“. Eines, das beispielsweise die Lohnverrechnung in Kleinstbetrieben auch für Leute praktikabel macht, die sich nicht fünf Werktage pro Woche mit der Steuergesetzgebung auseinandersetzen können. Der Schlüssel für eine Entbürokratisierung liegt eindeutig bei Regierung und Parlament. Denn mit der Anzahl der Gesetze steigt wie erwähnt der Bedarf an zusätzlichen Vollziehern. Dabei ist die Verwaltung des Landes personell ohnehin schon üppig ausgestattet. Im direkten Vergleich jedenfalls deutlich üppiger als die Deutschlands oder gar der Schweiz – zwei übrigens nicht gerade schlecht verwaltete Länder, die zeigen, dass es auch mit weniger Aufwand geht.

Die versteckten Staatsdiener

Der Sektor Staat (Bund, Länder, Gemeinden, Sozialversicherungen, ausgegliederte Einheiten) beschäftigt in Österreich um die 570 000 Menschen. In „Köpfen" eigentlich mehr, bei dieser Zahl handelt es sich nämlich um sogenannte „Vollzeitäquivalente". Zwei Teilzeitbeschäftigte mit jeweils halber Arbeitsverpflichtung ergeben beispielsweise ein Vollzeitäquivalent. Fast 14 Prozent der österreichischen Erwerbstätigen arbeiten damit für Vater Staat. Das verursacht Personalkosten von knapp 35 Milliarden Euro, also immerhin 20 Prozent der gesamten Staatsausgaben. Man könnte auch sagen: Die Personalkosten des Sektors Staat entsprechen den gesamten Einnahmen aus Lohnsteuer, Einkommenssteuer und Körperschaftsteuer zusammen. Also nicht gerade wenig.

So ganz genau weiß man das aber eigentlich nicht. Es

bestehe, bemängelt der Rechnungshof, nämlich „kein nach einheitlichen Gesichtspunkten konzipierter Gesamtüberblick“ über das beschäftigte Personal. Bund, Länder, Gemeinden, Sozialversicherungen und ausgliederte Unternehmen verknüpften ihre Personaldaten nämlich nicht. Außerdem werde die auch auf anderen Gebieten gewohnte Intransparenz praktiziert: Der Bund gibt seinen Personalaufwand mit 8,5 Milliarden an, für Länder und Gemeinden existieren diese Gesamtdaten nicht. Wenigstens wird gespart. Bund und Länder haben ihre Personalstände in den vergangenen Jahren ja verringert. Zwar nicht viel, aber immerhin um 1,3 beziehungsweise 1 Prozent. Aber nicht einmal das darf man für bare Münze nehmen: Im öffentlichen Dienst ist es eingerissen, Personal in ausgelagerte Einheiten zu verschieben. Besonders stark war diese Vorgangsweise unter Schwarz-Blau in den frühen Nullerjahren ausgeprägt. Aber auch jetzt wird das noch praktiziert. Betrachtet man dieses Gesamtbild, sieht man Seltsames: In ungefähr dem Maß, in dem der Personalstand im öffentlichen Dienst sinkt, steigt er in den ausgelagerten Einheiten. Die viel gelobte Personaleinsparung entpuppt sich also als simple Personalverschiebung, die auch den Personalaufwand verschleiert. Denn mit der Verschiebung wird aus Personalkosten für die ausgegliederten Staatsdiener im Budget plötzlich „Sachaufwand“. Praktisch, nicht? Kein Wunder, dass im Personalmanagement der Sparsamkeitsbegriff verloren geht. Der im Übrigen auch durch das absurde Kompetenzenwirrwarr im heimischen Föderalismus gefährdet wird.

Etwa bei den Landeslehrern: Diese werden von den Ländern eingestellt und „administriert“, aber vom Bund bezahlt. Ein System, das im föderalen Österreich auch in anderen Bereichen durchaus üblich – und völlig absurd – ist. Einer zahlt, der andere gibt aus: Das hat noch nie und nirgends auf Dauer funktioniert. Bei den Landeslehrern führt das regelmäßig dazu, dass man es mit den vereinbarten Postenplänen nicht ganz so genau nimmt. Es zahlt ja der Bund. Und der kann sich gegen die Ländermacht ohnehin nicht wehren. Finanzminister Hans Jörg Schelling hat in einem Interview einmal völlig entgeistert vom Brief eines Bundeslandes berichtet, in dem sinngemäß stand, er möge noch einmal zwölf Millionen überweisen. Man habe sich bei den Landeslehrern ein bisschen verrechnet. Er wird es dann wohl getan haben. So läuft österreichische Realpolitik. Diese Parallelstrukturen führen manchmal zu recht interessanten dienstrechtlichen Konstellationen in den „Betrieben": In der Neuen Mittelschule unterrichten teilweise Landeslehrer und Bundeslehrer (aus Gymnasien) gemeinsam. Die Bundeslehrer haben allerdings eine geringere Lehrverpflichtung als ihre (ebenfalls vom Bund bezahlten) Landeslehrerkollegen. Dafür verdienen sie mehr. Alpenländischer Föderalismus wie er leibt und lebt.

Der schlägt auch im Gesundheitsbereich zu. Da gibt es beispielsweise Schätzungen über ein „Umschichtungspotenzial" von fast fünf Milliarden Euro allein im Spitalsbereich. Doch leider, der ist Ländersache. Diese lassen sich, wie wir schon gesehen haben, nicht gerne dreinreden. Und so passieren noch immer teure Unsinnigkeiten, wie etwa der Bau zweier moderner Krankenhäuser, die wenige Kilometer voneinander entfernt sind oder knapp beieinander liegender, aber durch Landesgrenzen getrennter Kliniken.

Weniger mit Föderalismus als mit dem zweiten großen Bremsklotz, den Sozialpartnern, hat die Struktur der Sozialversicherungen zu tun: Das kleine Österreich mit gerade einmal 8,5 Millionen Einwohnern leistet sich 21 Institute: sieben Sozialversicherungsträger, neun Gebietskrankenkassen und fünf Betriebskrankenkassen. Die einen haben Selbstbehalte, die anderen nicht, alle unterscheiden sich in ihrem Leistungsvolumen. Das ergäbe Sinn, wenn man sich die beste dieser Kassen aussuchen könnte, also Konkurrenz herrschte. Das geht aber nicht: Die Zuordnung erfolgt zwangsweise nach Berufskriterien. Ein absurdes System, das locker durch zwei Institute (eines für Selbstständige, eines für Unselbstständige) ersetzt werden könnte. Aber nicht wird. Die Sozialversicherung läuft unter „Selbstverwaltung durch die Sozialpartner“. Und 21 Institute machen eben 21 Geschäftsführerposten zur „Versorgung“. Die Notwendigkeit dieses Unsinn-Systems wird von den Sozialpartnern wortreich verteidigt. Das verwaltungstechnische Einsparungspotenzial bei einer Zusammenlegung wäre aber nicht zu verachten.

Zuletzt noch ein Punkt in der heimischen Verwaltung, den kaum jemand anspricht: Wir haben mit dem Beitritt zur Europäischen Union am 1. Jänner 1995 oben eine zusätzliche Verwaltungsebene draufgepappt bekommen, unten aber keine weggenommen. Natürlich wäre es nicht einfach, eine Ebene einfach wegzuschneiden. Das wären ja entweder Gemeinden oder Bezirkshauptmannschaften. Also Verwaltungsgebilde, die den Menschen relativ nahestehen und zu denen sie – zumindest im Falle der Gemeinden – auch nicht selten emotionale Bindungen haben.

Aber natürlich wäre es mehr als 20 Jahre nach dem EU-Beitritt auch nicht falsch, darüber nachzudenken, ob die Struktur dort noch stimmt. Immerhin stammt sie in ihren Grundzügen aus dem vorvorigen Jahrhundert. Wenn man etwa die Prämissen für die damalige Festlegung der Bezirksgrenzen heranzieht – die Bezirkshauptmannschaft muss innerhalb einer Tagesreise erreichbar sein –, dann zeigt sich ein gewisses Reformpotenzial. Vor allem bei den 2100 Gemeinden: Diese sind sehr kleinteilig konstruiert. Einige haben weniger als 100 Einwohner. Da gäbe es viele Möglichkeiten der Effizienzsteigerung durch Zusammenlegungen oder auch durch die in letzter Zeit verstärkten Gemeindekooperationen. Man sieht, die Eindämmung der Bürokratie und die Straffung der Verwaltungsstrukturen sind ein weites Land mit hohem Einsparungspotenzial. Das endlich vernünftig gehoben gehört.

Baustelle III

DIE STEUERHÖLLE

Österreich hat ein außerordentlich belastendes und wenig zukunftssicheres Steuersystem. Hier besteht dringender Umbaubedarf im Rahmen einer umfassenden Systemreform.

Österreich leidet unter zu geringem Wachstum und fällt in internationalen Rankings zurück? Das kann man so nicht sagen: Es kommt immer darauf an, wohin man blickt. Die Zahl der Steuerberater beispielsweise hat sich in den letzten 20 Jahren verdoppelt. Trotzdem leben alle recht gut. Das ist einmal ein wirklicher Arbeitsmarkterfolg, den sich die Regierung an ihre Fahnen heften kann. Bei der Besteuerung von Arbeit bescheinigt uns die „Organisation für Wirtschaftliche Zusammenarbeit“ (OECD) neuerdings den Vizeweltmeistertitel: Der Anteil der Steuern und Abgaben an den Arbeitskosten (Bruttolohn plus Arbeitgeberbeiträge) eines alleinstehenden Arbeitnehmers lag zuletzt bei stolzen 49,5 Prozent. Nur in Belgien werden Arbeitseinkommen noch unverschämter abgeschöpft. Als OECD-Generalsekretär José Ángel Gurría im Herbst

2016 der österreichischen Regierung einen Arbeitsbesuch in Wien abstattete, hatte er deshalb auch eine klare Ansage im Gepäck: „Wenn von 100 verdienten Euro nur 50 mit nach Hause genommen werden können, läuft etwas falsch", grantelte der Mexikaner den österreichischen Finanzminister an. Das kann man wohl sagen!

Aus beiden Entwicklungen lässt sich schon ohne tiefer gehende Analyse ein klarer Schluss ziehen: Das österreichische Steuersystem ist viel zu kompliziert und die Steuern, besonders jene auf Arbeit, sind viel zu hoch. Um wie viel zu hoch, zeigt der oben zitierte alleinstehende Arbeitnehmer: Im Schnitt der in der OECD zusammengefassten Industrieländer würde er 35,9 Prozent seiner gesamten Arbeitskosten dem Fiskus und der Sozialversicherung abliefern. Die Belastung dieses Arbeitseinkommens liegt hierzulande also um 38 Prozent über dem Schnitt.

Das in einer vernünftigen Kalkulation unterzubringen ist für ein im internationalen Wettbewerb stehendes Unternehmen eine durchaus anspruchsvolle Aufgabe. Und dass selbst Kleinstunternehmen wegen der unaufhörlich laufenden Steuergesetzgebungsmaschinerie schon lange nicht mehr ohne umfangreiche Steuerberatungsleistungen auskommen, ist ebenfalls kein geringer Kostenfaktor. Das freut zwar die schnell wachsende Branche der Steuerberater, ist aber volkswirtschaftlich gesehen nicht gerade ein Konjunkturtreiber. Damit sind wir schon beim Punkt: Das Steuersystem verursacht in den Betrieben überdurchschnittliche Kosten und dämpft damit das Wirtschaftswachstum. Und es entzieht den Steuerbürgern im internationalen Vergleich weit überproportional Kaufkraft und dämpft damit den privaten Konsum. Was das Wirtschaftswachstum weiter abbremst. Damit schließt sich der Teufelskreis in der Steuerhölle: Abgebremstes Wirtschaftswachstum führt zu geringeren Steuereinnahmen. Das hinterlässt Löcher in der Staatskasse, die wiederum durch Steuererhöhungen kompensiert werden müssen. Was wiederum das Wachstum bremst – eine endlose Geschichte.

Natürlich bestünde, rein theoretisch, auch die Möglichkeit, diesen Teufelskreis zu durchbrechen, indem man sich einmal die Ausgabenseite des Budgets vornimmt. Wir haben ja, wie erwähnt, kein geringes Ausgabenproblem. Dazu noch eines, das immer weiter wächst, so lange es nicht mit Ausgabenreformen, sondern mit immer höheren Steuern „bekämpft" wird. Ein Blick in die OECD-Statistik zeigt, dass es unserer Steuerhölle sehr schnell sehr heiß wird: In den vergangenen zehn Jahren ist die Steuer- und Abgabenquote (also der Anteil aller Steuern und Abgaben am Bruttoinlandsprodukt) von etwas über 40 Prozent auf rund 44 Prozent gestiegen. 2016 hat es wegen einer als „Steuerreform" verkauften Lohnsteuertarifkorrektur einen kleinen Rückgang gegeben, der aber nicht von Dauer sein wird. Im selben Zeitraum ist die Staatsausgabenquote (also der Anteil der Staatsausgaben am BIP) von 48 auf 51,5 Prozent gewachsen. Wer solche Steigerungen für wenig spektakulär hält, möge sich vor Augen führen, dass ein BIP-Prozentpunkt rund 3,5 Milliarden Euro bedeutet. Oder noch plastischer: Vier Prozentpunkte Steigerung bei der Steuerquote entsprechen einer jährlichen Mehrbelastung von 1750 Euro pro Jahr für jeden Österreicher – vom Baby bis zum Tattergreis. Die Belastung einer vierköpfigen Familie hat sich in zehn Jahren also statistisch gesehen um 7000 Euro erhöht.

Diese Mehrbelastung steht in keiner Relation zum erzielten Ergebnis. Im selben Zeitraum waren nämlich die Wachstumsraten deutlich unterdurchschnittlich. Auch im Vergleich mit ähnlichen europäischen Industrieländern, was die viel zitierte Weltfinanzkrise als Hauptursache ausschließt. Die gibt es nämlich auch in Deutschland oder der Schweiz. Die Arbeitslosenrate ist gleichzeitig auf einen Rekordstand gestiegen, während sie tendenziell in Europa – zumindest im vergangenen Jahr – schon deutlich zu sinken begann. Die mit drastischen Steuererhöhungen finanzierten Staatsausgaben haben also auch dem Arbeitsmarkt nicht geholfen. Und trotz der heftig angehobenen Steuer- und Abgabenquote wurde auch noch die Staatsschuldenquote auf über 80 Prozent getrieben. Da drängt sich wohl der Befund auf, dass die stark gestiegenen Staatsausgaben nicht sehr produktiv eingesetzt werden. Nur ein relativ kleiner Teil fließt offenbar in investive, zukunftsorientierte, wohlstandssteigernde Ausgaben. Und ein relativ großer Teil in das Stopfen von Löchern, die aus Reformfaulheit beziehungsweise Reformunwillen entstanden sind.

Offenbar ist es für eine Regierung einfacher, das aus den Fugen geratene Ausgabenproblem des Staates mit immer höheren Steuern zuzudecken, als in die Strukturen zu gehen. Macht man nämlich strukturelle Reformen, steht man sehr schnell vor der Notwendigkeit, in gewachsene Besitzstände zu schneiden. Was deren Besitzer zum Aufjaulen bringt.

Erledigt man das Ganze über Steuern, nehmen das die Staatsbürger dagegen relativ stoisch hin. Das Phänomen ist seit mehr als hundert Jahren bekannt und nennt sich „fiskalische Illusion“. Diese Illusion erlaubt es, Steuerbürger mithilfe eines intransparenten Steuersystems schamlos auszusackeln, ohne dass diese das groß merken. Es lohnt sich, da einmal genauer hinzublicken.

Die fiskalische Illusion

Exakt beschrieben hat dieses Phänomen erstmals der bei uns weithin unbekannte italienische Ökonom Amilcare Puviani in seiner 1903 erschienenen „Teoria della illusione finanziaria". An die darin enthaltenen umfangreichen Empfehlungen halten sich Finanzminister offenbar noch immer sklavisch. Selbst wenn sie von Herrn Puviani noch nie gehört haben. Sie funktionieren nämlich bestens. Um Untertanen auszupressen, während man ihnen gleichzeitig das Gefühl vermittelt, dem sei nicht so, empfiehlt Puviani unter anderem Folgendes:

- Staatsausgaben sollten möglichst kreditfinanziert werden. Das verschiebt die Belastungen nämlich auf künftige Generationen. Also auf eine Zeit, wo der Regent oder Finanzminister nicht mehr zuständig ist.

- Sollte der Wunsch nach größeren, echten Steuerreformen aufkommen, sind diese mit dem Argument abzudrehen, dass man dann natürlich die eine oder andere lieb gewordene Leistung aus der Staatskasse einstellen müsse.

- Reicht das Geld trotzdem nicht, sind befristete Steuern einzuführen – auf deren Abschaffung man einige Jahre später dann vergisst.

- Empfehlenswert ist es auch, soziale Konfliktdiskussionen vom Zaun zu brechen – und damit dann die zusätzliche Besteuerung von Luxusgütern und wenig beliebten Personengruppen (etwa Millionären) zu argumentieren.

- Bei der Neueinführung von Steuern sind indirekte Steuern die bessere Wahl. Diese lassen sich nämlich in den Preisen verstecken und fallen so niemandem auf.

- Ergänzend ist ein gewisses Maß an Inflation zu kreieren, weil das die aufgelaufenen Staatsschulden real entwertet.

Das klingt vertraut, nicht? Bis auf die Sache mit der Inflation, aber daran arbeitet die EZB ja auch mit zunehmendem Erfolg. Und nein: Das stammt nicht aus einem geheimen internen Strategiepapier von SPÖVP-Spindoktoren für eine demnächst einzusetzende Steuerreformkommission. Sondern wirklich von einem genialen italienischen Durchblicker aus der vorvorigen Jahrhundertwende.

Die Theorie des Herrn Puviani erklärt jedenfalls sehr eindringlich, warum wir uns die Steuerorgien der vergangenen Jahre (messbar am Anstieg der Steuerquote) gar so stoisch gefallen lassen haben. Und warum es uns herzlich egal ist, dass diese Quasienteignung praktisch ausschließlich zur Finanzierung zunehmender, durch Reformresistenz hervorgerufener Ineffizienzen im Staatsbereich herangezogen wird. Im Werk Puvianis findet sich übrigens der ausdrückliche Hinweis darauf, dass die Intransparenz von Steuerleistung und Kostenstruktur eines Staates das Eintreiben von Steuern ganz deutlich erleichtert. Es wird also kein Zufall sein, dass wir (und da ist Österreich kein

Einzelfall) so komplizierte Steuerstrukturen und so intransparente Ausgabenstrukturen haben.

An dieser Stelle kommt meist der Einwand: Aber hatten wir nicht ohnehin gerade eine Steuerreform? Nein, hatten wir nicht. Seit sehr langer Zeit hatten wir keine Steuerreform mehr. Was uns zuletzt Anfang 2016 als solche untergejubelt wurde, war eine simple Steuertarifanpassung, die uns einen Teil der Verluste aus der kalten Progression der vergangenen fünf Jahre zurückbrachte. Diese kalte Progression beschert uns einen besonderen Teilaspekt der fiskalischen Illusion. Sie entsteht dadurch, dass die Stufen im Steuertarif nicht an die Inflation angepasst werden. Nominelle Einkommenserhöhungen führen dann dazu, dass jedes Jahr ein immer größerer Teil des Einkommens in Steuerkategorien hineinwächst, die für diese Einkommenshöhe ursprünglich eigentlich nicht vorgesehen waren. Wer also beispielsweise exakt die Inflation abgegolten bekommt, erleidet einen realen Einkommensverlust, weil seine Steuerleistung durch diese kalte Progression stärker steigt als sein nominelles Einkommen.

Der Thinktank „Agenda Austria" hat das am Beispiel der fiktiven Wienerin Martha Mayer anschaulich durchgerechnet: Sie verdiente im Jahr 2016 geradeaus 30000 Euro und musste dafür 2528 Euro Lohnsteuer zahlen. Das waren 8,43 Prozent ihres Bruttolohns. Steigt ihr Einkommen bis zum Jahr 2021 um die vom Wirtschaftsforschungsinstitut WIFO prognostizierten Inflationsraten, wird Frau Mayer von ihrem Arbeitgeber dann 32767 Euro brutto bezahlt bekommen. Laut geltendem Steuertarif wird sie dafür 3227 Euro an Lohnsteuer ablegen. Also 9,85 Prozent ihres Einkommens. Ihr Bruttolohn wird bis 2021 damit nominell um 9,2 Prozent gestiegen sein. Ihre Lohnsteuerleistung aber um 27,6 Prozent. An diesen Zahlen erkennt man, dass die kalte Progression nicht so abstrakt ist, wie sie von den meisten Steuerzahlern empfunden wird, sondern ganz schön ins Geld geht.

Vor allem, weil sich das bei rund 6,8 Millionen Lohnsteuerpflichtigen (einschließlich Pensionisten) ordentlich zusammenläppert. Der Finanzminister wird auf diese Weise bis 2021 kumuliert um 6,2 Milliarden Euro mehr in die Staatskasse bekommen. Bis dahin werden dann fünf Jahre seit der letzten Tarifanpassung 2016 vergangen sein, also die normale Zeitspanne zwischen zwei sogenannten Steuerreformen. Die Regierung hat dann wieder eine Manövriermasse von 6,2 Milliarden Euro für die erneut „größte Steuerreform aller Zeiten“ angespart – und wird dann diese eigentlich zu Unrecht eingehobene Summe ihren dankbaren Steuerbürgern mit großer Geste zurückgeben. Das heißt: Zurückgeben ist nicht ganz das richtige Wort. Denn der Staat verzichtet auf diesen „windfall profit“ ja nicht. Er wird argumentieren, eine derart gewaltige, noch nie dagewesene „Steuerreform“ müsse natürlich gegenfinanziert werden. Durch neue Steuern, durch die Erhöhung bestehender Steuern und durch verschärfte Steuereintreibungsmaßnahmen. 2016 hatte das unter anderem in der allseits beliebten Registrierkassenpflicht geendet.

Wir sehen: Die kalte Progression ist eine institutionalisierte versteckte Steuererhöhung beträchtlichen Ausmaßes. Selbst wenn sie im Rahmen der bisher üblichen „Steuerreformen“ immer zur Gänze refundiert worden wäre (was wegen der Gegenfinanzierung nie der Fall war), hätte sie dem Finanzminister zumindest einen jeweils über fünf Jahre laufenden zinsenlosen Kredit der Steuerzahler in Milliardenhöhe beschert. Es ist kein Wunder, dass sich Regierungen mit der Abschaffung dieses Zubrots so schwer tun. Ein Wunder ist es dagegen, dass sich die Steuerzahler das so lange gefallen lassen.

Zuletzt hat Finanzminister Hans Jörg Schelling mit einem Plan zur Abschaffung der kalten Progression dankenswerterweise Bewegung in diese Baustelle gebracht. Während der Entstehung dieses Buches war gerade die Diskussion darüber im Gange, ob man überhaupt eine automatische Anpassung der Steuertarife einführen solle, die der Politik die Spielmasse für regelmäßige vermeintliche Steuergeschenke nehmen. Und wie man diese Tarifgestaltung vornehmen könnte. Eine typisch österreichische Diskussion, die ganz klar demonstriert hat, wieso das heimische Steuersystem so abenteuerlich kompliziert geworden ist. Am Ende stand dann ein typisch österreichischer Kompromiss: Die kalte Progression wird abgeschafft, aber nicht ganz und zudem zeitverzögert (erst wenn der Verbraucherpreisindex seit dem letzten Mal um mindestens 5 Prozent gestiegen ist) und auch nicht für alle Steuerstufen. Ein Gesetzesmurks, der ein wesentliches Merkmal österreichischer Steuergesetzgebung enthält: Mit jedem neuen Steuergesetz wird die Berechnung verkompliziert statt vereinfacht.

Eigentlich wäre die Sache ja keine Raketenwissenschaft: Sie ließe sich beim nächsten Ministerrat im Eilverfahren erledigen, indem dieser beschließt, ins Einkommensteuergesetz ein paar Sätze neu einfließen zu lassen. Die folgendermaßen lauten könnten: Die Steuertarife sind am 1. Jänner jeden Jahres um den Wert des prozentuellen Anstiegs des Verbraucherpreisindex der vorangegangenen zwölf Monate zu erhöhen. Als Basis für die Berechnung des prozentuellen Anstiegs gilt der von der „Statistik Austria“ ermittelte VPI 2015. Und schon ist sie Geschichte, die kalte Progression. Zumindest zum Teil. Ganz bekäme man sie vom Tisch, wenn man auch noch Frei- und Absetzbeträge valorisieren würde. Aber davon redet ohnehin keiner. Nur: Keine Sache ist einfach genug, um sie in Österreich nicht in komplexe Absurdität abdriften zu lassen. Denn natürlich wollte niemand die kalte Progression einfach abschaffen. Die einen wollten, dass sich eine Kommission jeweils bei dem Erreichen von Inflationsschwellenwerten (beispielsweise 5 Prozent) zusammensetzt, die entscheidet, ob die Konjunktur gut genug läuft für eine Anpassung. Die Politik müsse sich nämlich Spielraum erhalten. Die anderen – speziell Grüne und Sozialdemokraten – wollten daraus einen komplizierten Hebel für verstärkte Umverteilung produzieren. Denn die Verringerung von Progression würde ja Gutverdiener bevorzugen. Eine absurde Diskussion. Denn hier geht es ausschließlich um die Streichung einer versteckten Steuererhöhung. Und Umverteilung wird im Steuersystem wahrlich schon genug betrieben.

Die Tageszeitung „Die Presse“ hat das einmal anhand der integrierten Lohn- und Einkommenssteuerstatistik der „Statistik Austria“ durchgerechnet. Und ein verblüffendes Ergebnis erhalten: Rechnet man bezahlte Lohnsteuer und erhaltene Transfers gegen, ist der echte Lohnsteuerzahler eine aussterbende Spezies. Eine ganz dünne Schicht von Gutverdienern ist für einen Großteil des Netto-Lohnsteueraufkommens zuständig. Und bei denen beißt die Progression schon jetzt so richtig zu. Konkret zahlen 2,5 Millionen der insgesamt 6,8 Millionen österreichischen Lohn- und Einkommensteuerpflichtigen mangels ausreichenden Einkommens überhaupt keine Lohnsteuer. Das ist aber noch nicht die ganze Wahrheit: Der Staat verteilt über Transfers ja auch kräftig um. Den 27 Milliarden Euro Lohnsteuereinahmen stehen rund zehn Milliarden Euro an Transferzahlungen gegenüber. Naturgemäß nicht gleichmäßig verteilt: Wer wenig verdient, also wenig Steuer zahlt, bekommt hohe Transfers, und umgekehrt. So soll es in einem Sozialstaat auch sein, dazu sind Transfers ja da.

In der Praxis heißt das aber: Jene fast 40 Prozent der heimischen Arbeitnehmer, die bedauerlicherweise weniger als 20000 Euro im Jahr verdienen, liefern insgesamt knapp 700 Millionen Euro an Steuern ab, beziehen aber mehr als 4,6 Milliarden Euro an Transfers. Bei den mittleren 35 Prozent halten sich die bezahlte Lohnsteuer und Transfers annähernd die Waage. Haarig wird es beim obersten Einkommensviertel, wo die Steuerleistung die Transfers um ein Vielfaches übersteigt. Erst hier finden sich die echten Netto-Lohnsteuerzahler. Je weiter man hinaufkommt, desto krasser: Die obersten 3,3 Prozent in der Einkommenspyramide sorgen für 53 Prozent des um Transfers bereinigten Lohnsteueraufkommens.

Was es da noch umverteilungsmäßig zu bereinigen gäbe, hätte mancher dieser Steuerzahler wohl gerne erklärt. Die Erklärung wird er aber nicht bekommen, denn die heimische Politik hat ja im Rahmen der fiskalischen Illusion sehr erfolgreich das Bild in den Köpfen verankert, dass die „G'stopften" einen zu geringen Anteil an der Staatsfinanzierung leisten.

Ein aus dem Ruder gelaufenes Steuersystem

Aber wie bekommt man ein derart aus dem Ruder gelaufenes Steuersystem, das klar wirtschaftshemmend wirkt, wieder in den Griff? Jedenfalls nicht damit, dass jede Regierung, wie das jahrzehntelang geübte Praxis ist, da und dort ein bisschen am System herumschneidert. Da eine neue Ausnahme hinzufügt und dort ein bisschen an Steuersätzen dreht. Das macht die Sache nur noch komplexer. Man muss die beiden großen Webfehler des Steuersystems angehen. Das ist einerseits die viel zu hohe Besteuerung von Arbeit, eine ausgesprochen leistungs- und wirtschaftsfeindliche Angelegenheit. Die Lohnsteuer gehört neben der Mehrwertsteuer zu den beiden wichtigsten Einnahmequellen jedes Finanzministers. Und andererseits die oben ausführlich dargestellte Komplexität, die der Wirtschaft enorme Bürokratiekosten aufhalst. Dieses System ist als Ganzes nicht mehr reformierbar. Man braucht eine umfassende Steuerstrukturreform, die es auf völlig neue Beine stellt. Während für die Verwaltungsreform seit Jahren sehr konkrete Vorschläge vorliegen, die nur noch umgesetzt werden müssten, gibt es solche schlüssigen Konzepte in Sachen Steuerreform zumindest in detaillierter, umsetzbarer Form noch nicht.

Da dominieren eher noch Schlagworte. Einig sind sich alle nur darüber, dass die hohe Besteuerung menschlicher Arbeit beseitigt werden muss. Das wird in einigen Jahren ganz abgesehen von der beschäftigungsschädlichen Wirkung hoher Arbeitssteuern sehr dringlich werden: Wenn die digitale Revolution wirklich so wie prognostiziert in den Arbeitsmarkt hineinschneidet – Studien sprechen vom Wegfall von bis zu 60 Prozent der traditionellen Jobs –, dann bricht dem Finanzminister sein wichtigstes Steuerstandbein weg. Vom Sozialsystem, das derzeit ausschließlich über Abgaben auf Arbeit finanziert wird, reden wir da noch gar nicht.

Nachdem kein Staat der Welt fast ein Drittel seiner Steuereinnahmen durch Einsparungen auf der Ausgabenseite kompensieren kann, ohne einen veritablen Crash zu produzieren, wird man wohl Ersatz suchen müssen. Da sind die derzeit vorliegenden Vorschläge, etwa vonseiten des WIFO, eindeutig zu wenig ambitioniert. Ein bisschen Verlagerung von Arbeits- zu Energie- und Ressourcenbesteuerung ist zwar prinzipiell ein Schritt auf dem richtigen Weg, ändert aber am Grunddilemma nicht viel. Und dass neu einzuführende Vermögensteuern in größerem Stil die Besteuerung von Arbeit substituieren können – darüber müssen Experten, die das behaupten, wohl selbst schmunzeln: Wenn diese nennenswerte Steuervolumina bringen sollen, führen sie rasch zu Kapitalflucht und belasten schwerpunktmäßig den steuerlich ohnehin am meisten geschröpften Mittelstand. Wenn es hohe Freigrenzen gibt, wird das zur Bagatellsteuer für Reiche, die zu ungeschickt sind, ihr Nettovermögen kleinzurechnen. Die letzte Vermögensteuer ist nicht zuletzt deshalb so sang- und klanglos begraben worden, weil das Aufkommen in keiner rechten Relation zum Aufwand stand. Wenn man es genau besieht, bleiben als große Brocken zur Substitution der Arbeitsbesteuerung nur zwei Bereiche: die Besteuerung von Ressourcen und die der Wertschöpfung beziehungsweise des Konsums.

Wer jetzt die ideologische Brille aufsetzt und „Maschinensteuer – niemals" sagt, hat einen reichlich eingeengten Begriff von „Wertschöpfungssteuer". Wir haben nämlich genau genommen schon eine und sie gehört zu den besten Einnahmequellen des Finanzministers: Die, der Name verrät es, Mehrwertsteuer. Das ist eine Wertschöpfungsabgabe, die (im Gegensatz zur von Linken immer wieder ins Spiel gebrachten Maschinensteuer) Investitionen nicht verteuert und Unternehmen nicht be-, sondern entlastet. Es gibt ein Konzept für ein geniales Steuersystem, das so einfach ist, dass es die Grasser'sche Utopie einer „Bierdeckelsteuer" aus dem vorigen Jahrzehnt (das Steuersystem muss so einfach sein, dass man seine Einkommensteuererklärung auf dem Platz eines Bierdeckels unterbringt) zum superkomplexen Steuersystem degradiert. Mangels Einkommensteuer bräuchte man dann nämlich überhaupt keine Steuererklärung.

Das Konzept geht von der unwiderlegbaren Annahme aus, dass im Endpreis eines Produkts oder einer Dienstleistung alle, wirklich alle im Laufe des Entstehungsprozesses anfallenden Steuern (Lohnsteuer, KÖSt, Energiesteuern etc.) kalkulatorisch enthalten sein müssen. Klar, sonst würde der Produzent dieser Produkte oder Dienstleistungen ja binnen kurzer Zeit pleitegehen. Wenn dem so wäre, dann könnte man, so die Theorie, eigentlich alle Steuern streichen und durch eine einzige, die Mehrwertsteuer, ersetzen. Man kann das völlig kostenneutral hinbekommen. Die Mehrwertsteuer wäre dann natürlich dramatisch höher als jetzt. Der Satz würde irgendwo um die 150 Prozent liegen. Allerdings würde dieser abenteuerliche Steuersatz auf einen viel niedrigeren Nettopreis aufgeschlagen werden, weil dieser ja um die alle anderen bisher angewendeten Steuern bereinigt werden könnte. Unterm Strich käme derselbe Endpreis nach Steuern heraus.

Das würde die Wirtschaft völlig auf den Kopf stellen. Heimische Betriebe hätten plötzlich einen irren Kostenvorteil. Die Exporte würden boomen. Der Abstand der Arbeitskosten zu jenen in Billiglohnländern wäre deutlich geringer. Und das Problem der Gewinntransfers in Steueroasen wäre auch gelöst. Mehrwertsteuer fällt nun einmal am Ort des Kaufs an. Allerdings ist das reine Utopie. Man müsste so ein radikales Steuersystem auf dem Globus gleichzeitig großflächig einführen, sonst würden nämlich Exporte zwar extrem begünstigt, Importe durch die dann doppelte Besteuerung aber extrem teuer. Für ein Land wie Österreich, das in hohem Maß Zulieferprodukte exportiert und die damit erzeugten Endprodukte einführen muss, wäre das keine brillante Idee. Man müsste außerdem noch die Besteuerung von in diesem System nicht erfassten Vorgängen, etwa aus reinen Finanzgeschäften, neu ordnen. Denn Aktien-KESt gäbe es dann beispielsweise auch keine mehr.

Der wichtigste Grund, warum so etwas nie kommen wird, ist aber so einfach wie das System selbst: Jeder würde auf den ersten Blick sehen, wie hoch der Steueranteil am Endpreis des erworbenen Produkts wirklich ist. Dass den Leuten so bewusst wird, dass der Staat insgesamt weit mehr als die Hälfte des Produkt-Ladenpreises einsackt, würde wohl keine Regierung aushalten. Denn wie wir schon bei Puviani nachlesen konnten: je komplizierter das Steuersystem, desto zufriedener die Steuerbürger. Weil sie einfach keinen Überblick mehr haben, was man ihnen so alles abnimmt.

Ein Wildwuchs an Ausnahmen

Den Überblick hat man in Österreich ohnehin längst verloren. Da funktioniert das System nach dem Muster „teile und herrsche". Es gibt im internationalen Vergleich teils extrem hohe Steuersätze; aber gleichzeitig, egal ob bei Unternehmens- oder Einkommensteuern, Hunderte Ausnahmen, Ausnahmen von den Ausnahmen, Sonderregelungen, Pauschalen, Steuerbefreiungen. Ein historisch gewachsener Wildwuchs, der immer weiter wuchert. Immer wenn fiskalische Zuckerlverteilung opportun ist, wird hier und da noch ein Goodie draufgepappt. Das macht das Steuersystem nicht nur völlig unübersichtlich, sondern auch extrem ungerecht: Den finanziellen Bonus kann der maximieren, der sich den besten Steuerberater leisten kann.

Welche Ausmaße das erreicht hat, lässt sich dem Förderbericht der österreichischen Bundesregierung entnehmen, auf den ich noch zurückkommen werde. Dort werden für Österreich Förderungen über 19,5 Milliarden Euro ausgewiesen. Davon entfallen 14 Milliarden auf indirekte Förderungen. Das sind fast ausnahmslos die oben beschriebenen steuerlichen Goodies. Von der Pendlerpauschale über steuerliche Investitionsförderungen bis hin zur Berufsgruppenpauschale für Artisten und Kunstpfeifer. Von der steuerlich absetzbaren Spende an die gemeinnützige Stiftung über die erhöhten pauschalierten Werbungskosten für Bürgermeister und Journalisten bis hin zum steuerlich absetzbaren Gewerkschafts- und Kirchenbeitrag. Mehr als 800 Posten finden sich in diesem Katalog. Vieles davon ist sehr sinnvoll. Etwa die konjunkturbelebende Investitionsförderung. Vieles ist fragwürdig. Etwa dann, wenn verkehrspolitische Zielsetzungen des einen Ministeriums (beispielsweise Förderung des öffentlichen Verkehrs) durch Maßnahmen des anderen Ministeriums (beispielsweise Pendlerförderung für Speckgürtelbewohner) konterkariert werden. Und bei vielen greift man sich schlicht an den Kopf.

14 Milliarden Euro. Was für eine Spielmasse! Wer hindert die Regierung daran, jede einzelne dieser Förderungen auf den Prüfstand zu stellen, ohne Tabus darauf abzuklopfen, ob das Ganze noch Sinn ergibt und damit vordefinierte Ziele erreicht werden – und dann ein radikal abgespecktes System neu aufzustellen? Nehmen wir an, die Hälfte dieser Summe ließe sich wegargumentieren. Dann hätte man sieben Milliarden Euro für eine Tarifsenkungsreform. Denn natürlich muss jede Einsparung hier in Form einer Senkung der allgemeinen Steuertarife weitergegeben werden. Sonst würde die Steuerquote noch weiter steigen. Am Ende stünde ein stark vereinfachtes, leichter durchschaubares und sehr viel gerechteres System der Steuerbasisermittlung. Und damit ein wichtiger erster Schritt zu einer echten Steuerstrukturreform.

Ein wirklich gutes Aufwärmtraining. Denn unterm Strich würde bei so einer Durchforstung der steuerlichen Ausnahmen eine Senkung der Tarife herauskommen. Aber es gäbe natürlich eine Reihe von Verlierern. So wie beim dann folgenden Umbau des gesamten Steuersystems von der Arbeitsbesteuerung in andere Segmente auch. Aber diese Kraftprobe wird der Regierung ohnehin nicht erspart bleiben. Denn wenn jeder auf seinen vermeintlich wohlerworbenen Rechten sitzen bleibt, gibt es keine Reform. Und damit ist der Weg in Richtung Abgrund vorgezeichnet.

Baustelle IV

DAS SOZIALSYSTEM UND SEINE BEWOHNER

Österreich hat ein sehr gutes, aber auch sehr teures Sozialsystem, das ohne große Reformen auf die Unfinanzierbarkeit zusteuert.

Österreich ist ein gut entwickelter und ausgebauter Sozialstaat: „Vater Staat" lässt keinen hängen. Wer erkrankt, wird von einem immer noch gut funktionierenden, öffentlichen Gesundheitssystem aufgefangen. Wer einen Unfall hat, wird ins nächste Krankenhaus gebracht, ohne dass die Sanitäter in der Jacke zuerst nach der Kreditkarte suchen. Wer Kinder hat, dem erleichtert der Staat das finanzielle Leben mit einer vergleichsweise üppigen Familienbeihilfe. Wer sich mit Hausbauplänen trägt, hat mit einer gewissen Wahrscheinlichkeit Anspruch auf Wohnbauförderung. Wer arbeitslos wird, bezieht Arbeitslosenhilfe. Wer alt wird, eine im internationalen Vergleich relativ gute Pension. Und wer durch alle aufgespannten sozialen Netze fällt, landet immer noch vergleichsweise weich in der Mindestsicherung. Die reicht zwar gerade zum Leben, ist aber noch hoch genug, dass sich in vielen Fällen die Wiederaufnahme einer schlecht bezahlten Arbeit nicht wirklich rentiert.

Mit anderen Worten: Sie sind weich abgefedert, die Bewohner des Sozialsystems dieser Republik. So ein Susi-Sorglos-Vollkasko-Service kostet aber natürlich. Etwas über 100 Milliarden Euro im Jahr, um genau zu sein. Die gesamten Staatseinnahmen (Bund, Länder, Gemeinden, Sozialversicherungen) liegen, wie wir wissen, in der Gegend von 175 Milliarden Euro. Fast 60 Prozent dessen, was dieser Staat in seine diversen Kassen bekommt, wird also gleich wieder umverteilt. Allerdings vielfach ohne wirklichen Plan und ohne richtige Folgewirkungsüberprüfung. Wie das eben so ist bei historisch gewachsenen Systemen, an denen immer wieder da oder dort ein Element angestückelt wird, ohne dass man anderswo eines entfernt. Dazu aber später. Auch wenn man das nicht für möglich hält: Mit dieser gewaltigen Umverteilungsmaschinerie ist Österreich nicht allein auf weiter Flur. Mit einer Sozialquote von 30 Prozent liegen wir nur im europäischen Mittelfeld, in einigen nordeuropäischen Ländern ist diese noch deutlich höher. Die Sozialquote misst den Anteil der Sozialleistungen nicht an den Einnahmen, sondern an der gesamten Wirtschaftsleistung des Staates, also am Bruttoinlandsprodukt, und sieht dadurch wesentlich freundlicher aus. Sie ist aber horribel genug: Von jedem Euro, den die Unternehmer und Arbeitnehmer dieses Landes erwirtschaften, gehen 30 Cent in die Umverteilung.

In einem Staat, in dem selbst der Finanzminister wortreich ein budgetäres Ausgabenproblem konstatiert, wäre es eigentlich logisch, zuerst einmal in diesem mit Abstand größten aller Ausgabenbereiche nachzusehen. Nicht um den von Linken befürchteten „neoliberalen Kahlschlag" zu hinterlassen. Sondern um nachzusehen, ob wirklich jede einzelne dieser umverteilten Milliarden ein bestimmtes Umverteilungsziel verfolgt. Und ob dieses Ziel damit auch erreicht wird oder ob es um dasselbe Geld nicht auch besser ginge. Das unterlässt man aber tunlichst, denn im Sozialbereich wandelt die Politik in einem Minenfeld, das eine unvorsichtige Regierung schnell wegsprengen kann.

Etwa im Bereich der Familienförderung: „Wir stecken acht Milliarden in die Familienförderung", sagte mir der Industrielle und Exfinanzminister Hannes Androsch einmal. „Können Sie mir sagen, was genau damit bezweckt wird und was genau man damit nachprüfbar erreicht?" Tja, gute Frage. Das immer wieder hervorgehobene Ziel, jungen Familien das Umfeld für Kinder zu ermöglichen, jedenfalls nicht. Geld kriegt keine Kinder. So üppig man die Familienzuwendungen auch gestaltet, die Geburtenrate kommt über die 1,4 statistischen Kinder pro Frau nicht wirklich hinaus. Um den Bevölkerungsstand ohne externe Zuwanderung auch nur zu halten, wäre eine solche von 2,1 nötig. Warum ist das so? Und warum liegt diese Fertilitätsrate bei einem ähnlichen Förderniveau in Schweden über 1,9? Vielleicht deshalb, weil dort der Schwerpunkt nicht bei Geldleistungen, sondern bei Sachzuwendungen liegt? Etwa der Bereitstellung von genügend guten Kinderbetreuungseinrichtungen, die den Eltern Berufstätigkeit ermöglichen? Kann sein. Fragen wir aber lieber nicht nach. Denn die Effizienz dieser acht Milliarden ist politisch ebenso wenig hinterfragbar wie die Sinnhaftigkeit des Umstands, dass solche Geldzuwendungen einkommensunabhängig vergeben werden.

Das gilt im Übrigen auch für Wohnbauförderung. Diese wird zwar nicht aus Sozialtöpfen bezahlt, sondern von Arbeitnehmern und -gebern durch einen einprozentigen Zuschlag (per Lohnnebenkosten) zum Bruttolohn aufgebracht. Sie gilt unter Experten als wenig zielgerichtet (weil sie in der Regel eher Besserverdiener bevorzugt) und die aufgebrachten Mittel werden von den Ländern ganz offenbar auch nicht benötigt. Diese haben das klug aufgebaute Finanzierungssystem, das via Darlehensrückflüssen und dem Aufkommen aus dem Wohnbauförderungszuschlag für eine konstante Erhöhung des Finanzierungsvolumens sorgen könnte, im vergangenen Jahrzehnt nämlich weitgehend zerstört. Indem sie beispielsweise aushaftende Darlehen verkauft und mit dem Erlös Budgetlöcher gestopft haben. Oder, wie im Fall des Landes Niederösterreich, mit dem Verkaufserlös grauenhaft schlecht auf internationalen Finanzmärkten spekuliert und dabei eine ganze Wohnbaumilliarde in den Sand gesetzt (pardon: „mindererlöst") haben.

Trotzdem stellt niemand die Frage, wie man diese Förderung so umgestalten könnte, dass dieses den Arbeitnehmern abgenommene Geld wieder gezielt dort ankommt, wo es benötigt wird. Im Gegenteil: Beim letzten Finanzausgleich ist die gesamte Wohnbauförderung „verländert" worden. Aber vielleicht gehen diese mit dem Wohnbauförderungsbeitrag etwas sorgfältiger um, wenn sie selbst für dessen Einhebung verantwortlich sind. Man soll die Hoffnung ja nie aufgeben.

Man sieht: Es könnte sich durchaus lohnen, diese 100 Milliarden einmal unvoreingenommen durchzugehen. Man muss ja nicht gleich einsparen. Es würde schon reichen, das System ums gleiche Geld besser, effizienter und zielgerichteter zu machen. Zumal auch hier, wie überall, wo Bund, Länder und Gemeinden am Werken sind, „gedoppelt" wird. Allerdings dürfte in Parallelstrukturen hier nicht allzu viel zu holen sein, weil die Dominanz des Bundes eindeutig ist: Für knapp 94 Prozent der Sozialleistungen ist der Bund zuständig, für etwa 4,5 Prozent die Länder und für den kleinen Rest die Gemeinden. Wobei nicht alles an den Segnungen des Sozialsystems Bares bedeutet. An die 30 Prozent der Ausgaben betreffen Sachleistungen. Besonders im Gesundheitsbereich dominieren diese. Der Gesundheitssektor schlägt übrigens mit einem Viertel der Ausgaben zu Buche. Er ist damit beträchtlich größer als etwa jener der Familienleistungen mit knapp 9 Prozent und der Arbeitslosenzahlungen mit rund 6 Prozent.

Die versteckte demografische Bombe

Die ganz großen Brocken heißen aber Pensionen und Pflege: Mehr als die Hälfte der Sozialausgaben sind hier zu finden. Deutlich über 40 Milliarden Euro werden von den pensionsauszahlenden Stellen bewegt. Fast zwölf Milliarden davon machen allein die Beamtenpensionen aus. Die trägt der Bund. Ebenso wie den bei über zehn Milliarden Euro liegenden Zuschuss zu den Pensionen der gesetzlichen Pensionsversicherung. Hier versteckt sich eine gehörige demografische Bombe für die finanzielle Gesundheit der Republik: Weil die Gesellschaft überaltert und die Nachkriegsgeneration der „Babyboomer" – besonders geburtenstarke Jahrgänge – vor der Pensionierung steht, wird sich die Relation zwischen Pensionisten und Pensionsbeitragszahlern im kommenden Jahrzehnt dramatisch verschieben. Und zwar zu Ungunsten der Zahler. Man muss nicht Versicherungsmathematik studiert haben, um zu erfassen, was das bedeutet. Entweder die Pensionen werden dramatisch gekürzt, konkret um ein Drittel in den nächsten 15 Jahren. Oder die Pensionsbeiträge, die Arbeitnehmer und Arbeitgeber gemeinsam zu leisten haben, werden erhöht, von derzeit 22,5 auf gut 36 Prozent des Bruttolohns. Oder aber der Staat gleicht das durch dramatisch höhere Zuschüsse aus – und ruiniert damit seine Finanzen endgültig. Man könnte natürlich auch aktive Maßnahmen setzen. Etwa das Pensionsalter vernünftig anheben. Was man ja sehr zaghaft teilweise schon macht. Aber ohne eine wirklich große Reform ist das System auf mittlere Sicht ein Crashkandidat.

Hier ist also herzhafte Reformpolitik gefragt. Nur: Die gibt es, zumindest was das Adjektiv anbelangt, leider nicht. Im Gegenteil: Bundes- und Landespolitiker haben das System jahrzehntelang für andere Zwecke missbraucht – etwa für das Verstecken von Arbeitslosigkeit durch massive Frühpensionierungen. Oder durch das viel zu lange eiserne Festhalten an Privilegien, beispielsweise für Beamte oder Beschäftigte in staatsnahen Unternehmen. Sie haben es damit schon vor dem Auftreten des großen demografischen Problems mutwillig und unverantwortlich geschwächt. Am Ende wird alles auf eine Harmonisierung der Pensionen auf Basis des ASVG-Systems hinauslaufen. Ganz einfach deshalb, weil dieses System die mit Abstand beste Beitragsdeckung aller Pensionssysteme aufweist. Mehr als 80 Prozent der ASVG-Pensionen sind durch Beiträge der Versicherten abgedeckt. Das liegt nicht zuletzt daran, dass die ASVG-Versicherten die mit Abstand höchsten Pensionsbeiträge (inklusive Arbeitgeberbeiträge) bezahlen. Neu eintretende Beamte und Eisenbahner beispielsweise werden schon seit einiger Zeit nur noch nach dem ASVG angestellt.

Als dieses System aufgesetzt wurde, lag die Lebenserwartung eines männlichen Österreichers bei rund 72 Jahren. Angetreten werden konnte die Pension mit 65. Die Berechnung geht also davon aus, dass ein Versicherter rund 45 Jahre arbeitet und Beiträge zahlt und dann sieben Jahre lang seine Pension genießt. Hätten wir diese Eckdaten beibehalten, würde jetzt niemand über ein Pensionsproblem reden. Zumindest nicht im ASVG, das unter diesen Umständen wohl voll ausfinanziert wäre. Seit damals ist aber die Lebenserwartung um rund zehn Jahre gestiegen. Und das Pensionsantrittsalter um sechs Jahre gesunken. Man zahlt also im Schnitt weniger lang ins System ein und genießt dessen Früchte statistisch gesehen nun 22 Jahre statt sieben. Dass das mit der von den Gründervätern ausgeheckten Finanzierung nicht mehr zusammenpasst, ist eigentlich nicht sehr schwer zu verstehen.

Bei dieser schon seit Jahrzehnten anhaltenden Entwicklung ist es kein Wunder, dass schon sehr lange über Pensionsreformen geredet, aber wenig getan wird. Am meisten passiert noch dort, wo der Beitragsdeckungsgrad (wohl auch deshalb) ohnehin am höchsten ist: Die Bedingungen im ASVG wurden für die Versicherten sukzessive verschlechtert. Längere Durchrechnungszeiten für die Pensionsbemessung, hohe Abschläge für den Pensionsantritt vor dem 65. Lebensjahr, extreme Einschränkung der Frühpension und so weiter. Wo es hakt, ist der öffentliche

Bereich. Zwar hat die Regierung Schüssel auch eine Beamtenpensionsreform auf Reihe gebracht. Aber diese ist erstens noch immer nicht überall umgesetzt. Und wurde zweitens von ebendieser Regierung durch einen fürchterlichen Missbrauchsfall mehr als kompensiert: Tausende beamtete Eisenbahner, Postler und Telekomangestellte wurden – teils als knackige Anfangsfünziger – „betriebsbedingt pensioniert", wie es damals euphemistisch hieß. Überzählige unkündbare Beamte wurden so elegant ins Pensionssystem verschoben. Das wird in Summe Milliarden kosten und hat auch eifrige Nachahmer gefunden. Noch im Jahr 2016 haben beispielsweise die Wiener Stadtwerke 800 überzählige Mitarbeiter in die üppig dotierte Beamtenfrühpension (teilweise ab 55) geschickt. Wien ist übrigens jenes Bundesland, das sich bis heute weigert, die Beamtenpensionsreform umzusetzen. Und das seine Mitarbeiter im Schnitt mit 57 in den Ruhestand versetzt. Es ist auch das momentan (Anfang 2017) finanziell am schlechtesten verwaltete Land mit dem am schnellsten steigenden Schuldenstand. Das wird wohl alles irgendwie zusammenhängen.

In der Zwischenzeit hat die Strategie der viel zu kleinen Pensionsreform-Trippelschrittchen immerhin schon zum Ziel geführt, die unterschiedlichen Pensionssysteme zu harmonisieren. Allerdings nach der altösterreichischen Beamtenparole „nur net hudeln". Nach den derzeitigen Plänen wird es 2042 so weit sein. Falls Reformunlust und Demografiebombe das System bis dahin nicht schon in die Luft gesprengt haben. Der größte Hemmschuh ist auch hier, unschwer zu erraten, der heimische Föderalismus: Wenn sich ein Land (etwa Wien) weigert, eine von der Regierung beschlossene Pensionsreform umzusetzen – dann kann man halt nichts machen. Kein SPÖ-Bundeskanzler würde es wagen, den Wiener Bürgermeister mit unbotmäßigem Drängen grantig zu machen. Und wenn, dann ginge es nur einmal …

Pensionen schneller harmonisieren

Für solche Spiele wird die Lage aber langsam zu ernst. Wenn die Regierung eine echte Pensions-Gesamtsystemreform auf die Beine stellt, was nach den missglückten Pensionsgipfelchen von 2016 allerdings nicht sehr wahrscheinlich ist, muss sie jetzt ein größeres Rad drehen. Das heißt zuallererst: Die Harmonisierung aller Pensionssysteme mit dem ASVG ist drastisch zu beschleunigen. Sich dafür ein Vierteljahrhundert vorzunehmen, ist ein schlechter Witz. Eine solche Harmonisierung muss in höchstens einem Drittel der Zeit zu schaffen sein. Schon vorher muss das Pensionsantrittsalter für alle verbindlich auf 65 gesetzt werden. Es ist ein schlechter Scherz, dass Landesbeamte vielerorts noch immer mit Mitte 50 auf Kosten der Allgemeinheit die Amtsstube mit Golf- oder Tennisplatz vertauschen. Und die rätselhafte Epidemie, die plötzlich 95 Prozent der Eisenbahner in den frühen Fünfzigern arbeitsunfähig werden lässt, seit die Bahn das offizielle Pensionsantrittsalter auf 60 angehoben hat, wäre auch einer näheren Betrachtung wert. Wenn dann wirklich alle Pensionssysteme harmonisiert sind – dann kann man über das ASVG weiterreden. Dieses braucht selbstverständlich auch stärkere Anpassungen, denn auch dort droht der Staatszuschuss aus dem Ruder zu laufen. Derzeit haben wir ein eindeutiges Zwei-Klassen-Pensionssystem: Wenn wir von Reformbedarf reden, zeigen viele auf den geschützten Bereich. Wenn dann zur Tat geschritten wird, bleibt meist wieder nur ein Schnitt ins ohnehin bestgedeckte System übrig.

Die Dramatik ist jedenfalls größer, als viele meinen. Denn die derzeitigen Pensionsreformpläne gehen ja von der bestehenden Finanzierungsbasis aus. Diese hängt, nicht nur bei den Pensionen, sondern auch im Gesundheitsbereich, bei der Familienförderung, der Wohnbauförderung etc. in sehr hohem Maß an lohnabhängigen Beiträgen. Knapp zwei Drittel der 100 Sozialsystemmilliarden stammen aus solchen lohnbezogenen Abgaben und Versichertenbeiträgen von Arbeitgebern und Arbeitnehmern. Rund ein Drittel kommt aus dem Budget. Wenn aber menschliche Arbeit zunehmend durch Maschinenarbeit substituiert wird, bröckelt diese Finanzierungsbasis weg. Und dann kommt das Sozialsystem finanziell von zwei Seiten unter Druck.

Und, sehr versteckt, fängt noch ein weiterer Ausgabenposten an, groß zu werden: Die Zahl der Mindestsicherungsbezieher steigt, auch durch die unkontrollierte Zuwanderung der vergangenen Jahre, sehr stark an. Auch hier gibt es Reformbedarf. Nicht zuletzt in Hinblick darauf, dass das auf Geldleistungen konzentrierte Mindestsicherungssystem sich im Bereich der wenig qualifizierten Tätigkeiten als Arbeitsmarkthindernis erster Güte herauszustellen beginnt: Die Differenz zwischen der staatlichen Geldleistung (die im Falle einer Arbeitsaufnahme wegfällt) und den Niedriglöhnen in einigen Branchen ist viel zu gering. Mindestsicherungsbezieher, die eine solche Arbeit annehmen, gehen einer Vollzeitbeschäftigung nach, die oft nur ein- oder zweihundert Euro mehr im Monat als die Mindestsicherung bringt und verlieren auch noch viele Gebührenbefreiungen und sonstige Vergünstigungen. Kein Arbeitsanreiz, für den man gerne morgens aufsteht.

An diesen wenigen Beispielen sehen wir schon: Das heimische Sozialsystem ist ein sehr stark ausgebautes, es ist aber mit der Zeit ein bisschen aus dem Ruder gelaufen. Es ist etwa im Zwei-Klassen-Pensionssystem hochgradig ungerecht, es hat leistungsfeindliche Elemente und es hapert in vielen Bereichen (Wohnbauförderung, Familienförderung etc.) an der sozialen Treffsicherheit. Eine riesige Reformbaustelle. Deren Sanierung sich angesichts eines Volumens von 100 Milliarden Euro oder zwei Dritteln der Staatseinnahmen wohl lohnt.

Baustelle V

DER GANZ NORMALE FÖRDERWAHNSINN

Österreich gibt im Jahr mehr als 19 Milliarden Euro für Förderungen aus, ohne deren Sinnhaftigkeit zu hinterfragen. Ein weites Feld für Einsparungen.

Anfang 2017 lief es für den damaligen niederösterreichischen „Landeskaiser" Erwin Pröll nicht gut: Statt von begeisterten Untertanen dazu gedrängt zu werden, doch noch ein paar Jahre als Landesherr anzuhängen (ein Wunsch, den er nach reiflichem Überlegen wohl huldvoll erfüllt hätte), sah er sich plötzlich einer an Majestätsbeleidigung grenzenden Kritik vor allem aus dem Wiener Medienmilieu gegenüber: Eine unschöne, ein wenig streng riechende Affäre um seine „Dr. Erwin Pröll Privatstiftung" war dank eines internen „Whistleblowers" aufgepoppt. Eine, die seinen – natürlich längst geplanten – Abschied in den Ruhestand zwar nicht ursächlich auslöste, aber wohl deutlich beschleunigte.

Was war geschehen? Der Landeshauptmann hatte schon zehn Jahre zuvor eine gemeinnützige Stiftung gegründet und aus Geldspenden anlässlich seines 60. Geburtstags dotiert. Dagegen gibt es nichts zu sagen. Außer vielleicht, dass ein Spitzenpolitiker von Leuten, die unter Umständen einmal etwas von ihm wollen könnten, ganz unabhängig vom (in diesem Fall gemeinnützigen) beabsichtigten Verwendungszweck privat kein Geld annehmen sollte. Aber gut, wir sind hier in Österreich, da nimmt man das nicht so genau. Der Aufreger war also nicht die Existenz dieser längst bekannten privaten Stiftung, sondern das Faktum, dass diese neun Jahre lang jeweils 150000 Euro aus öffentlichen Mitteln zugesprochen bekommen hatte. Insgesamt mehr als eine Million. Per korrektem Landesregierungsbeschluss, versteht sich. Also alles paletti? Das unschöne Bild, dass die Konstruktion auf eine Dreifaltigkeit von Stifter (Erwin Pröll), subventionsnehmendem Stiftungsvorstand (Erwin Pröll) und oberstem Chef des Subventionsgebers (auch Erwin Pröll) hinauslief, war auch nicht das Problem. Es wurde ja kein Cent missbräuchlich verwendet, der Großteil der Summe verblieb abrufbereit auf Landeskonten und floss gar nicht in die Stiftung – und Moral ist keine politische Kategorie. Dass solche Konstruktionen möglich sind, ist zudem nicht ein Fehler der Niederösterreicher, sondern offenbar eine zweifelhafte Gesetzeslücke im Stiftungsrecht. Also eine ganz andere Baustelle.

Das Problem war, dass, außer einem kleinen eingeweihten Regierungskreis, niemand von der Existenz dieses Geldsegens wusste. Die entsprechenden Regierungsprotokolle waren unter Verschluss, die Regierungsmitglieder dürfen aus Gründen der Amtsverschwiegenheit über interne Inhalte von Regierungssitzungen nicht reden, und verbucht wurden die Subventionen in irgendwelchen Sammelposten, sodass der eigentliche Zweck für das gemeine Volk (und für gemeine Landtagsabgeordnete von der Opposition, die blöd fragen könnten) in den Rechenwerken nicht sichtbar war. Das Land hatte also heimlich eine Million Euro zur allfälligen Verwendung durch die Privatstiftung ihres Landeschefs „angespart“. Es hat eine Millionenförderung für einen zum Zeitpunkt der Förderungsvergabe mehr als nebulos beschriebenen Verwendungszweck ohne irgendeinen zeitlichen Realisierungsrahmen losgeeist. Die Förderung entzieht sich damit auch jeder Effizienzevaluierung. Offenbar kann es sich das Bundesland mit der zweihöchsten Prokopfverschuldung der Republik leisten, eine Million einfach so herumliegen zu haben.

Die Geschichte ist hier deshalb interessant, weil sie drei der schlimmsten Mängel des öffentlichen österreichischen Förderwesens plastisch vereint: mangelnde Zielgerichtetheit, völliges Fehlen von Transparenz und nicht vorhandene Wirkungskontrolle. Ein katastrophaler Befund, der sich aber keineswegs auf Niederösterreich beschränkt. Solche Sitten sind einfach eingerissen im österreichischen Förderwesen. Ziemlich genau ein Jahr zuvor war beispielsweise in Wien der sogenannte „Kindergartenskandal“ aufgebrochen. Da ging es um Summen, die die St. Pöltener Stiftungsposse zum provinziellen Skandälchen schrumpfen lassen: Gut eine halbe Milliarde Euro hatte die Gemeinde Wien in die Förderung privater Kindergärten gesteckt. Offenbar, ohne sich groß darum zu scheren, was die Betreiber denn mit den vielen Fördermillionen so treiben. Die Folge war unter anderem, dass ein mutmaßlicher Betrüger 1,8 für einen muslimischen Kindergarten bestimmte Fördermillionen auf private Konten abzweigen konnte, ohne dass das vorerst irgendjemand groß merkte. Okay, die damals zuständige Stadträtin hatte ja auch sonst recht wenig Überblick über ihr Ressort. Unter anderem hatte sie die Existenz solcher islamischer Kindergärten kurz vor dem Kindergartenskandal noch bestritten.

Wenn eine Hand nicht weiß, was die andere tut

Zu glauben, dass hier eben ostösterreichische Schlamperei am Werk war, wäre sehr naiv. Wien und Niederösterreich sind im Förderwesen überall. Und zwar seit Langem. Der Rechnungshof hat schon in seinem 2011 erschienenen Verwaltungsreformpapier eine „Problemanalyse Förderwesen" vorgelegt, die sich so zusammenfassen lässt: Es gibt keine Gesamtstrategie und keine konkreten Förderziele, es gibt keine Abstimmung über Ziele und Maßnahmen zwischen den Gebietskörperschaften, es fehlen Daten über die Wirkungen der Förderung, es fehlt an Transparenz, die Kontrolle ist unzureichend und es gibt allgemein ein Missverhältnis zwischen Förderungseffekt und Verwaltungsaufwand.

Na bumm! Nur damit klar ist, worüber wir hier reden: Der letzte Förderungsbericht der Bundesregierung weist ein Fördervolumen von 19,3 Milliarden Euro aus. Der Befund in einfacher Sprache: Bund, Länder und Gemeinden pulvern mehr als 19 Milliarden Euro im Jahr, also rund das Eineinhalbfache des gesamten Schadens, den die „Hypo

Alpe Adria" hinterlässt, in ein Förderwesen, ohne dass es sie groß interessiert, ob und, wenn ja, was sie damit überhaupt bewirken. Und ohne einen wirklichen Überblick zu haben. Denn die eine Förderhand weiß in der Regel nicht, was die andere tut. Das hat einerseits mit fehlender Transparenz und andererseits damit zu tun, dass unkoordiniert gleich auf vier Ebenen gefördert wird: EU, Bund, Land, Gemeinde. Und manchmal noch ein bisschen mehr.

Ein kleines Beispiel: Ein „Presse"-Leser schickte mir das Mitteilungsblatt seiner Gemeinde zu, in dem sich der Bürgermeister auf Seite eins wortreich über die zu geringen Bedarfszuweisungen des Landes beschwerte, die der Kommune jeglichen finanziellen Spielraum nähmen. Um dann auf Seite zwei die Verdoppelung der Pendlerbeihilfe der Gemeinde anzukündigen. Das sei nicht ganz konsistent gedacht, meinte der Leser. Ja, eh. Ich fand aber weniger das Unvermögen des Bürgermeisters spannend, Zusammenhänge zwischen Einnahmen und Ausgaben der Gemeinde herzustellen, sondern das Faktum, dass die Gemeinde eigene Pendlerbeihilfen gewährt.

Wer zur Arbeit muss, hat erstens Anspruch auf den allgemeinen Verkehrsabsetzbetrag, auch wenn sein Arbeitsplatz nur auf der gegenüberliegenden Straßenseite liegt. Ist der Weg weiter, winkt die steuerliche Pendlerpauschale. Zusätzlich legt die Finanz seit einiger Zeit auch noch einen „Pendlereuro" drauf. In fünf der neun Bundesländer gibt es dann auch noch ein paar Hunderter pro Jahr Landespendlerförderung. Die Arbeiterkammer schießt in solchen Fällen zur Landesförderung zu. Und in einigen Gemeinden gibt es dann obendrauf noch die Gemeindeförderung. Wer also im richtigen Ort wohnt und sich auskennt, kann (einschließlich des allgemeinen Verkehrsabsetzbetrags) bis zu sechs Pendlerförderungen lukrieren. Parallel und gleichzeitig. Es sei ihm vergönnt. Leute, die weite Wege in die Arbeit haben, haben es schwer genug. Aber sehr koordiniert sieht das nicht aus. Und sehr sinnvoll und effizient auch nicht, wenn man ein einziges Förderziel (Zuschuss zu den Fahrtkosten zur Arbeit) für ein und dieselbe Person von bis zu vier verschiedenen Förderstellen (Finanz, Land, AK, Gemeinde) parallel administrieren lässt. Till Eulenspiegel lässt grüßen! Das ist es wohl, was der Rechnungshof mit fehlender Gesamtstrategie und fehlender Koordination gemeint hat. Und mit „Missverhältnis zwischen Förderungseffekt und Verwaltungsaufwand".

Dieses Missverhältnis scheint sich durch den ganzen Bereich des Förderwesens zu ziehen. Je weiter unten in der Staatspyramide, desto deutlicher. Die Förderungsberichte jener Bundesländer, die solche erstellen, bieten reichlich Stoff, auch wenn es sich in den Einzelfällen oft um finanzielle Peanuts handelt. Die sich aber summieren.

Beispielsweise 200 Euro für ein „Almfest": Welchen Förderungseffekt verspricht sich das betreffende Land davon? Hätte die Sause ohne die zwei Landeshunderter nicht stattfinden können? Oder ist der örtliche Parteifunktionär vorstellig geworden und man hat ihm halt, in Gottes Namen, irgendetwas hinübergeschoben, damit „a Ruah is"? Oder der jedem Landesbürger zustehende Zuschuss zur Anschaffung eines Trachtenanzugs beziehungsweise eines Dirndls, wie ihn ein Bundesland eine Zeit lang im Programm hatte: Welches tiefere Staats- oder Landesinteresse rechtfertigt es, dafür Steuerzahlergeld einzusetzen? Dabei sind das die Kleinigkeiten. Der vor allem auch in Wien sehr verbreitete Usus, „Studien" von oft eigens zu diesem Zweck gegründeten Vereinen zu fördern, ohne nachzusehen, was dabei am Ende überhaupt herauskommt, kostet meist zumindest fünfstellige Beträge. Pro Fall. Da nehmen sich Kuriositäten, wie beispielsweise die Abschlagszahlungen, die viele Gemeinden ihren Bauern wegen des fehlenden (aber irgendwann in grauer Vorzeit zugesagten) Gemeindestiers auszahlen, direkt putzig aus. Es gibt aber eigentlich nichts zu lachen: Die Förderungsberichte jener Länder, die überhaupt Einblick in ihr Förderwesen gewähren, umfassen jeweils Hunderte Seiten und berichten über jeweils dreistellige Millionensummen. Alle Bundesländer zusammengenommen summiert sich das dann auf deutlich mehr als eine Milliarde. Auch Kleinvieh kann also ganz schön Mist machen.

Dass vieles in Parallelstrukturen und in unhinterfragten Sinnlosförderungen versickert, weiß natürlich auch jede Regierung. Zumindest in diesem Jahrtausend hat auch jede angekündigt, hier für Ordnung zu sorgen. Was ohne große gesamtwirtschaftliche Folgen möglich wäre, denn das Förderwesen ist hierzulande wesentlich üppiger als anderswo. Was immer man hernimmt, ob Unternehmensförderungen oder Subventionen an Private, ob indirekte Förderungen in Form von Steuernachlässen oder direkte in Form von Zuschüssen: Überall liegen wir über dem EU-Schnitt. Zum Teil recht deutlich. Lukrativ könnte das auch sein: Das Geld liegt hier sozusagen auf der Straße. Man müsste es nur aufheben. 3,5 bis vier Milliarden Euro pro Jahr könnten schon drinnen sein, meinen Experten, wenn man nur Parallelförderungen beseitigt, alle

Förderungen, egal ob direkt oder indirekt, auf Sinnhaftigkeit und Zielerreichung abklopft – und die unsinnigen streicht. Auch wenn ein paar bisherige Profiteure nicht begeistert wären.

Mehr als 50000 Förderungen

Dazu müsste man aber erst einmal wissen, wo parallel gefördert wird und welche Förderungen es im Einzelnen überhaupt gibt. Das ist aber nicht bekannt. Es gibt nur ungefähre Globalzahlen. Demnach existieren an die 2600 Bundesförderungen, 3100 solche der Länder und – bitte festhalten! – geschätzte 47 000 der Gemeinden. Vollkommen unkoordiniert natürlich, denn was ein richtiger Regionalkaiser ist, lässt sich nicht in die Karten schauen. Auch evaluiert wird natürlich nichts. Man weiß also nicht, welche dieser zusammen fast 54 000 Förderungen ihren Zweck erfüllen. Und welche nicht.

Deshalb hatte sich die damalige Regierung Faymann/Pröll 2010 die sogenannte „Transparenzdatenbank“ einfallen lassen. Die Idee: Alle Subventionsgeber tragen ihre Goodies dort ein. Man hat dann erstens einen genauen Überblick. Kann zweitens jede einzelne Subventionsvergabe bei Bedarf auf Sinnhaftigkeit evaluieren und drittens bequem per Datenabgleich Mehrfachförderungen herausfiltern. Die Datenbank gibt es wirklich. Aber sie wird, wie zu erwarten war, nicht befüllt. Das heißt: Der Bund hat dort schon einiges abgelegt. Aber die Oberbremser der Republik, die Landeskaiser, weigern sich mehrheitlich standhaft, ihre Daten dort einzuspeisen.

Mit teilweise abstrusen Argumenten: Bisher hat man sich mehr oder weniger darauf geeinigt, in einer Studie der Frage nachzugehen, ob der Betrieb einer solchen (wie gesagt bereits bestehenden) Datenbank nicht zu hohe Kosten verursache. Transparenz ist halt nicht so Sache der Länder.

Ohne Transparenz steht der Finanzminister aber auf verlorenem Posten. Er hat ins Regierungsprogramm 2014 bis 2018 für Bund, Länder und Gemeinden zwar Einsparungen beim Personal- und Sachaufwand sowie bei den Förderungen von insgesamt 1,1 Milliarden Euro hineingeschrieben. Aber ohne Transparenz weiß man wohl nicht, wo man sparen soll: „Der Förderungsbericht der Bundesregierung enthält keine Hinweise, wo entsprechende Einsparungen erfolgen sollen", hält eine entsprechende Analyse des Budgetdienstes des Parlaments 2016 ebenso resignierend wie trocken fest.

Man hat ja noch nicht einmal definiert, was eine Förderung überhaupt ist. Weshalb die oben genannten 19,3 Milliarden auch nur ein ungefährer, wohl viel zu niedrig gegriffener Wert sind. Ein Beispiel aus der Analyse des Budgetdienstes: Im Förderungsbericht des Bundes stehen direkte Bundesförderungen über 5,3 Milliarden Euro. Die Volkswirtschaftliche Gesamtrechnung weist aber Subventionen und Transfers allein an Unternehmen in Höhe von 9,5 Milliarden Euro aus. In die Förderdatenbank hat der Bund (der sie ja als Einziger wirklich ernst nimmt) 7,5 Milliarden Euro an Bundesförderungen hineingeschrieben. Wenn wir „direkte Bundesförderungen" sagen, müssen wir also zuerst klären, ob wir von 5,3, von 7,5 oder von fast zehn Milliarden reden. Alles klar? Und lückenhaft ist das auch noch: Bei den direkten Agrarförderungen beispielsweise weist der Förderbericht 1,7 Milliarden Euro (der größere Teil davon von der EU) aus. In der Realität wird der Landwirtschaftssektor aber mit 2,6 Milliarden im Jahr direkt gefördert.

Ähnlich sieht es bei den indirekten Förderungen (also Steuererleichterungen und ermäßigte Steuersätze) aus. Diese umfassen 14 Milliarden Euro. Im Bericht. Allerdings, merkt der Budgetdienst des Parlaments an, sind zwar 61 solcher Förderungen im Bericht aufgelistet, bei einem Drittel davon „erfolgt aber keine zahlenmäßige Schätzung". Sie sind betragsmäßig also nicht enthalten. So fehlen etwa die Beträge aller 13 Ausnahmen bei der Körperschaftsteuer. Und die gesamte Gruppenbesteuerung.

Kurz zusammengefasst: Wir haben einen Bereich, in den zumindest 19,3, möglicherweise aber auch 25 oder 30 Milliarden Euro Steuerzahlergeld bewegt werden. Es gibt aber keine einheitliche Definition, keinen Überblick, keine Koordination, keine Zielfestsetzung und selbstverständlich auch keine Zielevaluierung. Wäre es da im Sinne des Staatswohls nicht an der Zeit, Struktur hineinzubringen? Etwa die Länder und Gemeinden zu zwingen (notfalls mittels Einschnitten im Finanzausgleich), die Transparenzdatenbank vollständig zu befüllen? Sollte nicht eine umfassende Evaluierung stattfinden, indem man jede einzelne Förderung, jede einzelne Steuerermäßigung ohne Rücksicht auf vorhandene Besitzstände auf den Prüfstand stellt? Und bei der Gelegenheit unter die Lupe nimmt, ob überhaupt und wenn ja, welches Ziel mit dieser Förderung verfolgt wird? Und ob dieses Ziel auch erreicht wird?

Sollte man dann anhand dieser Daten nicht ein völlig neues Fördersystem auf die Beine stellen? Eines, das dort fördert, wo Förderung nottut. Und nicht eines, das Landeshauptleuten erlaubt, Steuerzahlergeld nach Gutsherrenart zu verteilen. Das könnte sich auszahlen, oder? Worauf wartet die Regierung dann noch? Die Transparenzdatenbank ist da. Die politische Willenserklärung ist schon in Form mehrerer Regierungsprogramme da. Der Rechnungshof hat Konzepte für einen Umbau des Fördersystems vorgelegt. Man muss sie nur noch umsetzen. Auch wenn das wegen der beharrenden Bremskräfte in diesem Land schwierig ist.

Baustelle VI

DIE BILDUNGSMISERE

Wir geben sehr viel
für Bildung aus – und bekommen
dafür nur Mittelmaß.

Leider", sagt der Vorstandsvorsitzende mit ernster Miene zu seinen Vorstandskollegen, „haben wir ein gravierendes Problem: Unsere Kosten liegen um 30 Prozent über dem Durchschnitt der Konkurrenz, unsere Produkte sind aber bestenfalls Durchschnitt, teilweise sogar schlechter. Und zum Thema Effizienz sage ich nur: Unsere Kosten sind in den vergangenen 15 Jahren um 40 Prozent gestiegen, die Zahl unserer Kunden ist aber um 20 Prozent gesunken. Das sieht mir nach einem Input-Output-Problem aus." Wie würden Sie ein Unternehmen auf Basis dieses Statements einschätzen? Wahrscheinlich so: „Wenn die nicht ganz schnell eine ordentliche Reorganisation auf die Beine kriegen, werden wir sie wohl bald in der Insolvenzstatistik finden."

Zumindest dann, wenn es sich um ein echtes Unternehmen handelt. Die Organisation, deren Eckdaten wir hier darstellen, heißt aber in Wirklichkeit „österreichisches Bildungssystem“ und kann deshalb auch nicht einfach zahlungsunfähig werden. Aber es kann, wenn es schlecht funktioniert, die Zukunft des Landes katastrophal beeinflussen. Ein wohlhabendes Hochlohnland im Spitzenfeld der Industrieländer lebt nun einmal von einer überdurchschnittlich gebildeten Bevölkerung. Fällt das Bildungsniveau zu weit hinter die Spitzengruppe zurück, heißt das Abstieg und Wohlstandsverlust. Es ist also höchst alarmierend, wenn dieses Bildungssystem in der Lage des eingangs erwähnten Unternehmens steckt. Genau das tut es aber: Nach der letzten Ausgabe der von der OECD regelmäßig erhobenen Bildungsstatistik („Education at a Glance“) wendet Österreich über alle Bildungsstufen hinweg im Schnitt etwas mehr 13 000 Dollar (kaufkraftbereinigt, die Dollarbewertung wird wegen der Vergleichbarkeit gewählt) pro Schüler und Jahr auf. Im OECD-Schnitt sind es rund 10 000 Dollar. Wir lassen uns die Bildung unserer jungen Menschen also gut 30 Prozent mehr kosten als ein durchschnittliches Industrieland. Gut so! Und die Ausgaben steigen überdurchschnittlich: Sie sind seit der Jahrtausendwende um gut 40 Prozent, also wesentlich stärker als die Inflation, gestiegen. Während die Zahl der Schüler gleichzeitig um gut 20 Prozent zurückging. Auch gut so! Bildung ist die wichtigste zukunftsbezogene Aufgabe des Staates.

Aber: Mit diesem Geld bewirken wir zu wenig. Die jüngsten international durchgeführten PISA-Vergleichstests im Jahr 2016 haben das von diesen Prüfungen her schon gewohnte inferiore Ergebnis gebracht. Österreichische Schüler sind in Mathematik nur geringfügig besser als der OECD-Schnitt, in der Lesekompetenz sogar deutlich schlechter. Und: Gegenüber dem vorangegangenen Test zeigte sich durchgehend eine Verschlechterung. Nicht nur das: Auch in einer Reihe von anderen Daten stach Österreich negativ hervor. Der Leistungsunterschied zwischen Buben und Mädchen im Fach Mathematik beispielsweise war im internationalen Vergleich außerordentlich hoch. Und die Bildungsvererbung ist fast nirgends so ausgeprägt wie bei uns. Soll heißen, Akademikerkinder werden in überdurchschnittlichem Ausmaß wieder Akademiker, Arbeiterkinder bleiben in überdurchschnittlichem Ausmaß Arbeiter. Österreichs Bildungssystem ist also sozial außerordentlich wenig durchlässig. Und das in einem Land mit Gratisschulbuch, Schülerfreifahrt und später freiem Universitätszugang, das seit den 1970er-Jahren die Gleichheit und die Durchlässigkeit aller Gesellschaftsschichten predigt. Da läuft etwas schief. Und zwar gewaltig. Übrigens nicht nur im Primär- und Sekundärbereich: Im internationalen, sehr angesehen „Shanghai-Ranking" der besten Universitäten der Welt findet sich die beste österreichische Uni jenseits von Rang 150. Ziemlich blamabel, nicht?

Das Geld kommt nicht in den Klassen an

Wir konzentrieren uns hier aber auf den Schulbereich. Da sieht man bei Betrachtung der erwähnten Daten auf den ersten Blick: Wir geben erfreulich viel für die Bildung junger Menschen aus. Aber von diesem Geld kommt offenbar unerfreulich wenig dort an, wo es gebraucht wird. Nämlich in den Klassen. Es versickert auf dem Weg von der Staatskasse zum Schüler in außerordentlich ineffizienten

Strukturen. Das ist keine neue Erkenntnis. Es gibt deshalb seit Langem immer wieder Anläufe für eine Bildungsreform. Fast jede Regierung der vergangenen Jahrzehnte hat sich eine solche vorgenommen. Im Jahr 2011 hatten der SPÖ-nahe Industrielle Hannes Androsch und der leider schon verstorbene ÖVP-Querdenker Bernd Schilcher sogar ein Bildungsvolksbegehren gestartet, um den Reformdruck von unten zu erhöhen. Unterstützt von der Industriellenvereinigung, also eine wahrhaft parteiübergreifende Sache. Immerhin fast 384 000 Österreicher haben es unterschrieben. Der Rechnungshof hat ebenfalls mehrmals Vorschläge gemacht und seine Reformempfehlungen in Sachen Bildungsreform 2016 im Rahmen seiner Positionen-Reihe in einer 116-seitigen Broschüre zusammengefasst.

Nur geschehen ist nicht viel. Auf der Webseite des Bildungsvolksbegehrens (http://www.vbbi.at/) ist der Grund dafür im Klartext zusammengefasst: „Trotz 383 724 Unterschriften, einer breiten Unterstützung der Medien und der entgegenkommenden Behandlung der Forderungen des Bildungsvolksbegehrens durch einen parlamentarischen Sonderausschuss über alle Parteigrenzen hinweg versperrte eine kleine Gruppe einflussreicher Blockierer in den Ländern und in einzelnen Interessenvertretungen die dringend notwendige Bildungsreform. Sie befürchten den Verlust von Macht und Privilegien."

Wir haben also auch hier das Muster, das wir durchgängig in allen Reformblockaden finden: Länder und Sozialpartner fürchten um aufgebaute Machtpositionen und verhindern alles, was diese gefährden könnte. Und weil in diesem Staat, wie das der Salzburger Politiker Arno Gasteiger in einer 2016 erschienenen Broschüre der Agenda

Austria formulierte, „die Teile stärker sind als das Ganze“, scheiterte bislang jeder Anlauf einer österreichischen Bundesregierung zu einer strukturellen Bildungsreform verlässlich am föderalen Betonblock. Und damit auch jede inhaltliche Bildungsreform. Denn die kann in Wahrheit erst begonnen werden, wenn die Organisationsstrukturen auf den Stand gebracht sind, der dem eines modernen Industriestaats entspricht. Es ist kein Zufall, dass sich die Bildungsreformversuche der vergangenen Jahre kaum mit Fragen der Bildungsinhalte befasst haben. Aber, vereinfachend, sehr viel mit dem Streit, ob der Bund oder die Länder die Parteibücher der Lehrer kontrollieren dürfen. Wir befassen uns hier also nicht mit den Bildungsinhalten, sondern ausschließlich mit den Strukturen. Und die sind ein Albtraum für jeden, der etwas von Organisation versteht. Ein Konzern, der so organisiert wäre, würde kein Jahr überleben. Ein Bildungssystem ist zwar kein Konzern: Aber mit derartigen fix eingebauten Blockadefunktionen kann auch öffentliche Verwaltung nicht funktionieren. Tut sie auch nicht. Das Ergebnis ist unter anderem das Missverhältnis von eingesetztem Geld und erzielter Wirkung.

Das fängt mit dem Kompetenzwirrwarr zwischen Bund und Ländern im Pflichtschulbereich an: Der Bund bezahlt die Landeslehrer, eingestellt und „administriert“ werden diese aber vom Land. Wenn das Land die Stellenpläne nicht einhält, sorgt ein seltsamer Mechanismus dafür, dass für den größeren Teil der Kosten der Bund aufkommt – ohne dabei irgendein Einspruchsrecht zu haben. Die oberste Schulbehörde in den Ländern ist der Landesschulrat. Das ist eine Bundesbehörde, deren oberster Chef aber der Landeshauptmann ist. Dieser bestellt auch den geschäftsführenden

Landesschulratspräsidenten – der übrigens nicht unbedingt etwas vom Schulwesen verstehen muss, wie man an den Werdegängen einiger dieser Amtsträger sieht. Unabdingbares Qualifikationsmerkmal ist jedenfalls die feste Verankerung in der Partei des jeweiligen Landeshauptmanns. Eine gemischte Landes-Bundes-Behörde mit unklaren Kompetenzabgrenzungen, die den Schulbereich eines ganzen Landes leitet: Wer sich das ausgedacht hat, muss ein teuflischer Zyniker gewesen sein. Oder einer, der von einem funktionierenden Organisationswesen keine Ahnung hatte.

Ein bürokratisches Chaos

Dass man mit so einem Gremium keine Schule der Zukunft machen kann, ist natürlich auch der aktuellen Regierung, die gerade (2017) eine Schulreform umzusetzen versucht, klar. Dass man in diesem Land aber keine echte Reform machen kann, offenbar auch. Die komplett durchpolitisierten Landesschulräte sollen jedenfalls, so die Absicht, in den Ländern bald durch „Bildungsdirektionen" ersetzt werden. Stünde hinter der Planung auch nur ein Funken Vernunft, dann würde das als reine Bundesbehörde konstruiert. So, wie es die neue Rechnungshofchefin Margit Kraker neulich im Rechnungshofausschuss des Parlaments forderte: „Eine Schulbehörde des Bundes gehört so organisiert, dass es auch eine Schulbehörde des Bundes ist." Wird sie aber nicht. Auch die neue Organisation wird eine gemischte Bund-Land-Behörde. Wie sollten denn die Landeskaiser sonst ihren Einfluss behalten? Also: Vergessen wir das gleich wieder. Das wird nichts.

Schauen wir uns lieber das Dienstrecht der Lehrer an. Weil es nicht nur vom Bund bezahlte Landeslehrer, sondern (in den Gymnasien und weiterführenden Schulen) auch reine Bundeslehrer gibt, existieren zwei Dienstrechte. Landeslehrer verdienen weniger, müssen aber länger in der Klasse stehen als ihre Bundeskollegen. Das ist kein Problem, so lange die beiden Gruppen streng getrennt arbeiten. In der Neuen Mittelschule (NMS) sollten sie das aber gemeinsam tun. In der Praxis ist das freilich nicht sehr weit verbreitet, zumal bei Bundeslehrern der vorübergehende Einsatz in einer NMS ungefähr so beliebt ist wie bei Russen die Verbannung nach Sibirien. Jedenfalls: Zwei unterschiedliche Dienstrechte für ein und dieselbe Arbeit machen nicht nur böses Blut am Arbeitsplatz, sie machen die Sache auch, wie der Rechnungshof bemäkelt, „komplex, ineffizient und teuer".

Wir sind jetzt bei einem Schulsystem angelangt, wo – im Falle der NMS – der Bund für einen Teil der Lehrer, das Land für einen anderen Teil der Lehrer und der jeweilige Direktor für die Qualitätssicherung zuständig ist. Nur: Der Direktor hat die Kompetenzen dazu nicht. Er hat beispielsweise keinerlei formelle Personalkompetenz. Die Beschäftigten werden ihm aufs Auge gedrückt. Und wenn der eine oder andere nicht in ihre Qualitätssicherungsstrategie passt – dann hat die Schulleitung eben Pech gehabt. Wenigstens das soll sich jetzt ändern, wenn die Schulen mehr Autonomie und damit auch zumindest Mitsprache bei der Personalauswahl bekommen. Organisatorisch haben Direktoren jedenfalls viel Kurzweil: Sie müssen sich im Extremfall mit bis zu drei verschiedenen Dienstrechten (und drei Gewerkschaften) herumschlagen. Das Land setzt ihnen die Landeslehrer in die Schule, der Bund die Bundeslehrer. Die Gemeinde den Schulwart das Verwaltungspersonal. Denn für das nichtpädagogische Personal ist, damit die Organisation nicht zu einfach wird, ebenso wie für die Gebäudeerhaltung, die betreffende Gemeinde zuständig. Eines muss man schon sagen: Fantasie hatten die Leute, die sich so etwas ausdachten.

Halbwegs funktionieren würde das Ganze noch, wenn es wenigstens auf Ebene der Länder und des Bundes eine vernünftige Personalsteuerung und ein ordentliches Controlling gäbe. Gibt es aber nicht. Schließlich kann man sich ja nicht um alles kümmern. Man ist ja voll damit ausgelastet, den politischen Proporz im Schulsystem nicht aus dem Gleichgewicht geraten zu lassen. Lassen wir der Einfachheit halber wieder den Rechnungshof sprechen: „Mangelnde Transparenz der Daten stellt ein großes Problem im Bereich des Landeslehrerpersonals dar", heißt es in der schon erwähnten Rechnungshofbroschüre auf Seite 58. Und: „Das BMBF (Anm.: Bildungsministerium) verfügt über keine Informationen bezüglich der Lehrfächerverteilungen der Pflichtschulen; die Effizienz des Ressourceneinsatzes kann daher nicht beurteilt werden." Im Klartext: Obwohl die Personalkosten annähernd 70 Prozent der Bildungsausgaben ausmachen, ist das Ministerium in Sachen Personal mangels verfügbarer Daten im Blindflug unterwegs. Übrigens auch im eigenen Bereich, für den der Rechnungshof konstatiert: „Für die Bundesschulen fehlt ein ressortweites und umfassendes Controllingsystem, das sämtliche steuerungsrelevante Bereiche der Bundesschulen verknüpft und aufeinander abstimmt." Schöne Zustände, nicht wahr?

Wir wissen also, dass ein größerer Teil des für den Bildungsbereich bereitgestellten Geldes gar nicht in den Klassen ankommt, sondern in ineffizienten, von Kompetenzüberschneidungen geprägten Strukturen verschwindet. Wir wissen aber nicht einmal genau wo, weil wie überall an den föderalen Schnittstellen Intransparenz, Datenchaos und Verschleierung herrschen. Eine Verwaltung, die ins 19. Jahrhundert passt, nicht ins 21. Dass hier eine wirklich umfassende Organisationsreform nicht nur zur Existenzfrage für das Schulwesen, sondern – wegen der immensen Bedeutung des Bildungssektors für die künftige Entwicklung – zu einer des ganzen Staates wird, wird wohl niemand bestreiten. Dass die derzeit laufende Bildungsreform eine solche ist, dagegen schon. Sie geht zwar, etwa mit der Schulautonomie, eine paar Schritte in die richtige Richtung. Und das ist anerkennenswert. Aber sie greift die wirklich kontraproduktiven gewachsenen Strukturen mit nicht abgegrenzten Bund-Land-Kompetenzen – siehe Bildungsdirektionen – nicht an. Sie kommt also dem Blockadeblock Länder-Sozialpartner (wobei hier bei Letzteren vor allem die mächtige Lehrergewerkschaft den Beton anmischt) nicht in die Quere. Und wird deshalb zu keiner entscheidenden Verbesserung führen. Wir werden es am weiteren Auseinanderdriften von Bildungsausgaben und PISA-Testergebnissen sehen.

Eigentlich gibt es, wenn man die Strukturen anschaut, nur einen Weg: Bildungskompetenzen gehören zum Bund – und nur zum Bund. Neun Bildungssysteme – und auf das läuft eine „Verländerung“ hinaus – sind für ein Land mit der Einwohnerzahl einer mittleren chinesischen Großstadt lächerlich. Aber das ist in der derzeitigen Verfassung des Landes natürlich nicht zu machen. Probieren sollte man es trotzdem.

Baustelle VII

AUSGABENMACHT OHNE KONTROLLE

Ein durchgängiges Phänomen in der Verwaltung ist die mangelnde Wirkungskontrolle. Niemanden interessiert, was mit den eingesetzten Milliarden geschieht.

Vor zwei Jahren, anlässlich des sogenannten „Tax Freedom Days", platzte den Wiener Arbeiterkämmerern der Kragen. Der „Tax Freedom Day" ist jener Tag des Jahres, ab dem die Werktätigen des Landes, rein rechnerisch, wieder für die eigene Geldbörse arbeiten. In den davorliegenden Wochen und Monaten haben sie für Finanzminister und Sozialversicherung malocht. Der „Tax Freedom Day" fiel damals übrigens in den August. Das aber nur nebenbei, um die enorme Dimension des heimischen Steuersystems zu illustrieren. Eine nette Zahlenspielerei, die die Arbeiterkammer ordentlich in Rage brachte. Das Konzept sei eine „Mogelpackung", ließ die Zwangsvertretung der Arbeitnehmer per Aussendung wissen. Schließlich würden wir nicht nur Steuern bezahlen, sondern vom Staat dafür auch eine Gegenleistung bekommen.

Ja, eh. Hoffentlich. Die Frage ist eigentlich nicht, ob wir für unsere Steuern etwas bekommen. Die Frage ist, ob wir das Richtige bekommen. Ob die Steuereuros optimal eingesetzt sind oder ob wir diesen oder jenen Euro nicht besser und nutzbringender verwenden könnten. Eine Frage, die aus Steuerzahlersicht sehr berechtigt ist. Immerhin arbeiten Politik und Verwaltung mit fremdem Geld, also unserem. Und wären uns dafür ausreichend Rechenschaft schuldig. Das tun sie aber nicht. Die diversen Rechenwerke der Gebietskörperschaften sehen in diesem Punkt manchmal aus wie die berühmt gewordene Spesenabrechnung eines k. u. k. Stabsoffiziers: „Hundert Kronen ausgefasst, hundert Kronen ausgegeben, wer's nicht glaubt, ist ein Esel."

Am zivilisiertesten agiert da noch der Bund. Dieser hat vor ein paar Jahren ein modernes Buchhaltungssystem eingeführt und auch ein Gesetz über „wirkungsorientierte Verwaltung" erlassen, das jetzt, sehr langsam, aber doch, mit Leben erfüllt wird. Aber je weiter man in der Staatshierarchie hinuntergeht, desto weniger interessiert es die öffentlichen Hände, was mit dem ausgegebenen Geld passiert ist. Das wäre ja in vielen Fällen technisch gar nicht möglich. Mangels Ausgabentransparenz – Stichwort: die nicht befüllte Transparenzdatenbank – gibt es ja keinen wirklichen Überblick über die Ausgaben des Gesamtstaates. Wie soll da Wirkungsorientierung funktionieren? Dabei wäre die Sache, wenn man wollte, relativ einfach: Jedes kleine Unternehmen schafft das. Es legt ein überprüfbares Ziel für eine Investition fest und prüft anschließend, ob dieses Ziel mit dem eingesetzten Geld erreicht worden ist. Falls nicht, wird Ursachenforschung betrieben und analysiert, wie man die gemachten Fehler beim nächsten Mal vermeidet. Ein Unternehmen verfolgt freilich messbare wirtschaftliche Ziele. Die Politik verfolgt meist politische. Und geht dabei häufig schon von den Grundannahmen her unehrlich vor.

Seltsame Ministeriumsmathematik

Ein schönes Beispiel liefert das Eisenbahn-Ausbauprogramm (Semmering, Koralmbahn, Brenner), das am Ende einschließlich Finanzierung an die 60 Milliarden Euro gekostet haben wird. Eine riesige, selbst innerhalb der Regierung umstrittene Summe, die man volkswirtschaftlich irgendwie rechtfertigen muss. Das verantwortliche Infrastrukturministerium beauftragte also Studien, die die Effizienz des dabei eingesetzten Geldes erheben sollten. Das Ergebnis war erstaunlich: Der Multiplikatoreffekt der eingesetzten Investitionsmittel betrage bis zu 5,11, ermittelten die Auftrags-Studienautoren. Soll heißen: Jeder vom Staat hier investierte Euro spült bis zu 5,11 Euro in die Staatskassen zurück. Irre, nicht? Wenn dem so wäre, hätte man das finanzielle Perpetuum mobile erfunden. Man müsste nur die Republik auf Pump mit Eisenbahntunnels komplett durchlöchern – und schon wäre das Budgetproblem für alle Zeiten gelöst.

Jeder, der die Grundrechnungsarten halbwegs beherrscht, erkennt das Konstrukt mit freiem Auge als reine Voodoo-Mathematik. Trotzdem hatte das Infrastrukturministerium diesen Schwachsinn lange Zeit im Argumentarium für seine Investitionspläne auf der Ministeriums-Website. Als die Tageszeitung „Die Presse“ den wirtschaftlich bodenständigeren, damaligen ÖBB-Chef Christian Kern mit der seltsamen Ministeriumsmathematik konfrontierte, meinte dieser, man habe sich das noch einmal angesehen und komme jetzt auf einen Multiplikatoreffekt von 0,9 bis 1,3. Das ist zwar immer noch weit von den (möglicherweise zu tief angesetzten) 0,2 bis 0,4 entfernt, die deutsche Experten ermittelten. Aber schon deutlich näher an der Realität. In einem späteren Verwaltungsgerichtsverfahren argumentierte die Bahn trotzdem mit dem Multiplikator 5,11. Wenn schon riesige öffentliche Investitionsvorhaben mit vollkommen unrealistischen PR-Zielen statt mit ernst gemeinten Annahmen argumentativ unterlegt werden – was soll man da anschließend noch messen?

In Summe geht es aber gar nicht so sehr um große, teure Prestigeprojekte. Es geht darum, die gesamte Ausgabenstruktur auf die Sinnhaftigkeit jeder einzelnen Ausgabe abzuklopfen. Um so eine Ausgabenreform überhaupt erst möglich zu machen. Denn nur wenn die Wirkung jeder einzelnen Ausgabe erforscht ist, kann man feststellen, welche eingespart oder besser und effizienter eingesetzt werden kann.

Die Republik ist voll von frei sichtbaren merkwürdigen Disparitäten zwischen Aufwand und Wirkung. Viele davon sind in diesem Buch schon beschrieben worden: eine Familienförderung, deren messbare Wirkung in seltsamem Missverhältnis zum Aufwand steht, intransparente föderale Parallelstrukturen bei Pendler- und Agrarförderungen, bei denen niemand mehr sagen kann, welche Gelder warum wohin fließen. Ein Schulsystem, das bei außerordentlich hohen Kosten außerordentlich mäßige Ergebnisse bringt. All das und vieles mehr wäre einmal genau auf

Effizienz zu durchleuchten. Besonders, wie gesagt, im undurchdringlichen und völlig intransparenten Kompetenzdickicht zwischen den Gebietskörperschaften. Vor allem zwischen Bund und Ländern. Denn hier verhindert die gewollte Verschleierung von Finanzflüssen jede vernünftige Steuerung.

Am weitesten ist da, wie schon erwähnt, der Bund, der seine Verwaltung ja schon 2013 zur wirkungsorientierten Steuerung verpflichtet hat. Auch da ist freilich noch viel zu tun. Dort geht es bisher eher um große Themen (etwa die Gleichstellung von Männern und Frauen), während man im Detail vielfach noch auf alten Gleisen fährt. Vielleicht deshalb, weil eine echte Effizienzkontrolle die Eigenmächtigkeit und damit auch den Spielraum von Politik und Verwaltung stark einschränken würde. Und damit beispielsweise das vielfach praktizierte Förderwesen „nach Gutsherrenart" unmöglich macht.

„Politiker hassen klare Ziele", so hat der Verwaltungsforscher Simon Rosner in einem Interview mit der „Wiener Zeitung" den Unwillen der Politik, klar überprüfbare Ausgabenstrukturen zu schaffen, erklärt. Das wird so sein. Aber Steuerzahler hassen zusehends die Unklarheit darüber, ob ihr Geld vernünftig eingesetzt wird oder nicht. Bei einer Steuer- und Abgabenquote von fast 45 Prozent durchaus verständlich. Ohne überprüfbare Ziele wird die Kontrolle der Ausgabenmacht halt schwierig.

Der Umbau

WIE WIR ÖSTERREICH ZUKUNFTSFIT MACHEN

Ein Rezept zum
Abbau der institutionellen Blockaden.
Wenn auch ein utopischer.

Das Land ist mit Reformbaustellen geradezu übersäht. In diesem Buch sind nur die drängendsten aufgezählt worden. Je länger diese Baustellen brachliegen, desto größer werden die Probleme, denen sich die Republik und ihre Bewohner gegenübersehen. Hält der Reformstillstand noch länger an, droht dem Land der wirtschaftliche Abstieg aus der Spitzengruppe der Industrieländer. Mit allen Konsequenzen: Der erreichte – und ohnehin schon brüchig werdende – Wohlstand ist dann jedenfalls nicht mehr zu halten. Die Frage ist: Wie lässt sich dieser Reformwinter beenden? Es ist ja nicht so, dass die wachsenden Probleme nicht bekannt wären. Seit Jahrzehnten fehlt das Wort „Reform“ in keiner Politikerrede. Und es ist auch nicht so, dass die Experten ratlos vor dem Reformberg stehen. Seit Langem gibt es eine Reihe von umfassenden Lösungsansätzen.

Wie schon ausgeführt, hat der „Österreich-Konvent" schon vor mehr als zehn Jahren eine Verfassungsreform ausgearbeitet. Die Wirtschaftsinstitute, vor allem WIFO und IHS, haben umfangreiche Reformvorschläge mit konkret ausformulierten Einsparungszielen vorgelegt. Ihr gemeinsames Schicksal: Sie wurden dankend entgegengenommen, um nach österreichischer Beamtentradition „schubladisiert" zu werden. Das hat nicht unbedingt mit Ignoranz oder Unfähigkeit der Regierenden zu tun. Diese führen ja das Wort „Reform" permanent im Mund. Und sie haben auch nicht gerade wenige Ideen, was man so unternehmen könnte. Gerade zu Beginn des Jahres 2017 war das besonders augenfällig: Der Bundeskanzler war mit den 149 konkreten Vorschlägen seines „Plan A" vorgeprescht, der Finanzminister legte eine ganze Reihe von ansehnlichen Vorschlägen nach, der Vizekanzler ließ sich auch nicht lumpen. Die Regierenden sprudeln also selbst vor Ideen, wie man das Land auf Vordermann bringen könnte. Warum um Himmels Willen setzen sie das aber nicht um? Welche Kräfte sind da am Werk, die das verhindern?

Der frühere steirische Landeshauptmann Franz Voves, der auf Landesebene in seiner Amtszeit selbst einige recht mutige Reformen angestoßen hatte, beschrieb das in einer TV-Diskussion im Jänner 2017 sehr eindringlich: Man habe eine vernünftige Reformidee, die man gerne umsetzen würde und für die man in seiner Regierung auch Unterstützung vorfinde. Und dann beginnt es: Es kämen Gewerkschaft, der Wirtschaftsbund, der Bauernbund, der ÖAAB (und auf Bundesebene auch noch die Länder) ins Spiel. Jeder möchte seine Partikularinteressen durchgesetzt haben. Und weil sich in diesem Land die Kräfteverteilung hin zu diesen Lobbys verschoben habe, die Teile also stärker als das Ganze geworden sind, könne man seine Reform gleich wieder begraben.

Das Ergebnis ist Stillstand. Nicht ganz natürlich. In Teilbereichen geht durchaus etwas weiter. So enthält die jüngste Reform der Gewerbeordnung, die durch die bekannten Blockadehaltungen letztendlich zum Reförmchen gestutzt wurde, einige sehr wirtschaftsfreundliche Entbürokratisierungselemente, etwa bei den Betriebsanlagengenehmigungen. Sehr schön, das erleichtert den Unternehmern das Unternehmen. Aber der ursprünglich geplante große Umbau einer mit zünftlerischen Elementen gespickten bürokratischen Vorschriftensammlung zu einer modernen, wirtschaftsfreundlichen Unternehmensordnung ist es eben nicht.

Das zieht sich durch alle großen Vorhaben der Regierung. Umsetzbar sind periphere Erleichterungen. Sobald es in die Strukturen hineingeht, ist Reformschluss. Es hat also keinen Sinn, die vorliegenden Einzelvorschläge, von den 149 des Herrn Kern bis zu den 1007 des Herrn Moser, zu durchleuchten. Die meisten sind in den bestehenden Verhinderungsstrukturen nicht umsetzbar. Jede Erneuerung des Staates müsste also mit einer umfassenden Staatsreform, die das Wahlrecht, die Bund-Länder-Beziehungen und die Rolle der Sozialpartner neu definiert, beginnen. Geschieht das nicht, braucht man mit den übrigen Reformen – von den Steuern bis zur Gesundheit, von der Bildung bis zur Verwaltung – gar nicht erst anzufangen. Das wird dann mit Sicherheit nichts. Oder höchstens Stückwerk.

Damit sind wir schon beim Hauptproblem. Wenn man die Voraussetzung für echte Reformen schaffen will, müsste man in die Strukturen gehen. Unter anderem in Verfassungsstrukturen, in denen sich Länder und neuerdings auch Sozialpartner recht komfortabel eingenistet haben. Das heißt, man bräuchte Zweidrittelmehrheiten im Parlament. In genau jenem Parlament, das dank der Feinheiten des heimischen Wahlrechts mehrheitlich mit Vertretern der Länder und der Sozialpartner besetzt ist. Die Herrschaften müssten also de facto ihre eigene Entmachtung beschließen.

Diese notwendigen Strukturreformen bieten natürlich erstklassige Angriffsflächen für populistische Politik. Vom drohenden Identitätsverlust der Tiroler, wenn ihr Landeshauptmann den Wienern im Bund nicht mehr die „Wadeln viererichten“ kann, bis zur drohenden Entmachtung der Arbeitnehmervertretungen kann man wunderschön alles hineininterpretieren, was die Leute aufregt. Und Verlierer gäbe es bei einer derart umfangreichen Reform natürlich auch nicht zu knapp.

Eine solche Strukturreform ist also eine kaum bewältigbare politische Herkulesaufgabe, die nur funktionieren kann, wenn eine deutliche Mehrheit des politischen Spektrums ausnahmsweise einmal Staats- vor Eigeninteressen stellt. Ein extrem unwahrscheinliches Szenario also. Spielen wir es trotzdem durch. Nehmen wir an, drei oder mehr Parteien (so viele sind für eine Verfassungsmehrheit notwendig) einigen sich darauf, den Staat zukunftsfähig umzubauen und die institutionalisierten Blockaden zu beseitigen. Was müsste ein solches Paket enthalten?

WAHLRECHT. Am Anfang steht das Wahlrecht. Das heißt, dessen Änderung. Das geltende Listenwahlrecht hat, wie schon erwähnt, dazu geführt, dass sich die Zusammensetzung von Parlament und Regierung immer weiter vom Wähler und damit vom Volk entfernt hat. Die Listen werden überwiegend von Landesparteien erstellt, wobei die Sozialpartner über ihre jeweiligen Parteischwerpunkte großen Einfluss auf diese Listen ausüben. Über diese Kanäle wird auch enormer Einfluss auf die Zusammensetzung der Bundesregierung ausgeübt, wo es de facto mehrere „Erb-Ministerposten" für die Sozialpartner gibt. Der Wähler kann Listen wählen, hat (über Vorzugsstimmenelemente) aber nur sehr geringen Einfluss auf die Zusammensetzung dieser Listen. Ein demokratiepolitisch äußerst bedenklicher Klubzwang sorgt noch dazu für einheitliches Stimmverhalten.

Diese Konstruktion garantiert, dass sich die politische Macht in den Händen einer kleinen Zahl von Landesparteichefs und deren Umfeld konzentriert. Wähler haben keine Chance, dieses Machtgefüge von außen zu verändern. Mehr Bürgernähe lässt sich nur herstellen, wenn das Wahlrecht radikal in Richtung Persönlichkeitswahl und Mehrheitswahlrecht umgebaut würde. Dann sind die gewählten Mandatare ihren Wählern gegenüber mehr verantwortlich als ihren Landesparteien. Und der strikte Klubzwang erledigt sich dann auch von selbst: Jemand, der wiedergewählt werden will, muss die Wähler in seinem Wahlkreis direkt überzeugen. Und nicht seinen Klubobmann und Landesparteichef.

FÖDERALISMUS. Wenn die Zusammensetzung des Parlaments von den Landesparteisekretariaten zu den Wählern transferiert ist, kann man an einen sinnvollen Umbau des Föderalismus gehen. Vorher hat das wenig Sinn. Diese Föderalismusreform muss zu einer vollständigen Entflechtung des Kompetenzwirrwarrs zwischen Bund und Ländern und zu einer vollständigen Zusammenführung von Ausgaben- und Einnahmenverantwortung führen. Dazu sind zwei Modelle denkbar. Eine Art Schweizer Kantonsmodell, in dem die Länder weitgehende Autonomie beim Steuereinheben bekommen, mit diesem Geld aber auch auskommen müssen. Oder eine Zentralisierung in der Form, dass die Länder zu reinen Verwaltungseinheiten ohne eigene Gesetzgebung zurückgebaut werden. In diesem Fall würde der Bund wie jetzt komplett für die Finanzierung aufkommen, aber auch allein bestimmen, wofür das Geld ausgegeben wird.

Wenn man sich die Performance der Länder anschaut, müsste man zum zweiten Modell tendieren. Das hätte uns zuletzt viele Milliarden erspart. Vom Kärntner Hypo-Alpe-Adria-Skandal über die Salzburger Spekulationsaffäre, von den missratenen niederösterreichischen Wohnbauspekulationen bis zur Wiener Schuldenexplosion – in den vergangenen Jahren konnte man nicht den Eindruck gewinnen, es wäre gescheit, den Bundesländern Geld zu überlassen. Die Zentralismusvariante ist aber unrealistisch, weil die Identifikation der Österreicher mit ihrem Bundesland ebenso groß ist wie die Abneigung gegen den „Wasserkopf" Wien. Bleibt ein adaptiertes Kantonsmodell: Das erfordert, wie schon erwähnt, eine saubere finanzielle Trennung zwischen Bund und Ländern. Zu diesem Modell gehört auch zwingend ein „Bail out-Verbot" durch den Bund und ein Gebietskörperschaften-Insolvenzrecht.

Die gängige Praxis, dass der Bund auf den internationalen Märkten Kredite aufnimmt und diese dann den Ländern (die dafür sonst höhere Zinsen zahlen müssten) weiterreicht, muss dann natürlich auch gestoppt werden. Wird hier nicht sauber getrennt, reißt nämlich in kurzer Zeit wieder die alte Vorgangsweise ein, dass der Bund zahlt und die Länder fröhlich prassen. Klarerweise müssen in diesem Fall auch die derzeit sich wild überschneidenden Kompetenzbereiche klar und sauber getrennt sein. Sinnvollerweise kommt dann alles zum Bund, was von überregionaler Bedeutung ist. Dazu gehören etwa Bildung und Gesundheit. Auch die Umweltschutzagenden und die Wirtschaftsförderung gehören komplett zum Bund.

Aufgeräumt muss dann auch mit der Praxis werden, dass die Landeshauptleutekonferenz die eigentliche Macht im Lande ausübt. Diese ist ja, wie schon ausgeführt, in der Verfassung nicht vorgesehen, sondern rechtlich nicht mehr als ein privater Plauderverein. Und als solcher sollte er auch behandelt werden. Die Interessen der Länder wären im Rahmen eines deutlich aufgewerteten Bundesrates zu wahren. Derzeit spielt die zweite Kammer ja eine eher dürftige Rolle im Gefüge der Republik.

VERWALTUNG. Wenn die Kompetenzen klar getrennt sind, kann man die derzeit stark verflochtenen Verwaltungsstrukturen neu aufsetzen und effizient gestalten. Dafür werden anhand internationaler Best-Practice-Beispiele klar nachvollziehbare Benchmarks definiert, deren Einhaltung verpflichtend vorgeschrieben wird.

GESETZESFLUT. Wichtiges Element dieser Verwaltungsreform ist eine starke Entbürokratisierung, sowohl für Unternehmen als auch für Privatpersonen. Die Voraussetzung dafür ist eine Eindämmung der Gesetzesflut, die zu immer unüberschaubareren, für Staatsbürger und Unternehmen teuren Vorschriften führt. Dazu wäre es wahrscheinlich sinnvoll, eine unabhängige Expertenkommission einzusetzen, die die Gesetzeswerke durchforstet und Vereinfachungsvorschläge macht. Das bedeutet zwar ironischerweise, dass vorübergehend eine Art zusätzliche „Entbürokratisierungsbürokratie" geschaffen werden muss. Das könnte sich aber auszahlen.

AUSGABENREFORM. Österreich hat, das bestreitet kaum noch jemand, ein gewaltiges Ausgabenproblem, das mit zusätzlichen Einnahmen nicht mehr zu bewältigen ist. Eine Entflechtung der föderalen Strukturen und eine Verwaltungsreform würden zwar schon enorme Einsparungen bringen. Es bleiben aber noch genügend Einsparungsmöglichkeiten. Zu diesem Zweck gehört jede einzelne Staatsausgabe auf den Prüfstand, wo sie auf Sinnhaftigkeit und Zielerreichung abgeklopft wird. Und zwar nach dem Prinzip des „Zero Budgeting": Ausgangslage ist nicht, was „schon immer war". Sondern jede Ausgabe wird grundsätzlich infrage gestellt.

FÖRDERSYSTEM. Das gilt besonders für das System der direkten und indirekten Förderungen: Jede einzelne Förderung wird im Sinne der Wirkungsorientierung geprüft. Subventionen, die diese Prüfung nicht bestehen, werden rigoros abgeschafft. Gestrichen werden sämtliche Mehrfachförderungen. Dazu ist es erforderlich, dass alle Fördergeber die bereits vorhandene Transparenzdatenbank vollständig befüllen. Dies muss notfalls mit empfindlichen Strafen erzwungen werden.

SOZIALSYSTEM. Tabulos durchforstet wird auch das Sozialsystem, das mit 100 Milliarden Euro zwei Drittel der gesamten Staatsausgaben umfasst. Es werden nicht nur einzelne Sozialleistungen darauf abgeklopft, ob sie zeitgemäß sind und ob mit ihnen das angepeilte Ziel mit den eingesetzten Mitteln auch erreicht wird. Hier werden vor allem dauerhafte Lösungen für die großen Ausgabenbrocken Pensionen und Gesundheit gesucht. Bei den Pensionen heißt das unter anderem eine wesentlich schnellere Harmonisierung aller Pensionssysteme und eine schnelle Anpassung des Pensionsantrittsalters an die steigende Lebenserwartung. Bei der Gesundheit heißt das etwa bessere Abstimmung des nun beim Bund konzentrierten Krankenhauswesens und Beseitigung teurer Parallelstrukturen an den Bundesländergrenzen. Natürlich gehört dazu auch eine Bereinigung der in den Händen der Sozialpartner liegenden Gesundheitsbürokratie: Die Zahl der Sozialversicherungsträger ist auf höchstens zwei (Selbstständige und Unselbstständige) zu reduzieren, Leistungen und eventuelle Selbstbehalte sind zu vereinheitlichen.

BILDUNG. Mit der eingangs beschriebenen Entflechtung des heimischen Föderalismus und einer Konzentration der Bildungsagenden beim Bund ist ein nicht geringer Teil der organisatorischen Missstände, die echte Bildungsreformen behindern, bereits beseitigt. Die nun in der Verantwortung des Bundes liegende Bildungsbürokratie wird gestrafft und von parteipolitisch besetzten Gremien (wie sie die Bildungsdirektionen in der geplanten Form noch immer wären) gesäubert. Die durch eine derart verschlankte Bürokratie frei werdenden Ressourcen werden dann für eine echte, ebenso notwendige inhaltliche Bildungsreform verwendet. Auf bereits geplante Reformelemente, etwa die größere Schulautonomie, kann durchaus aufgebaut werden. Voraussetzung, und damit sind wir wieder beim Evergreen „Sozialpartner als Reformbremser", ist natürlich, dass die Lehrergewerkschaft auf die Rolle zurückgestutzt wird, die einer Gewerkschaft zusteht: Personalvertretung.

STEUERN. Eine wichtige Rolle kommt in diesem Reformkonzept der Steuerpolitik zu. Wie wir wissen, hat diese drei schwere Schieflagen: Die Steuern sind zu hoch, die Besteuerung ist viel zu stark auf den Faktor Arbeit konzentriert und das System ist zu kompliziert geworden. Für den Umbau des Steuersystems in Richtung Ressourcen- oder Wertschöpfungsbesteuerung, die auch wegen der fortschreitenden Digitalisierung der Arbeitswelt notwendig wird, gibt es Dutzende Expertenkonzepte, die nur aus der Schublade gezogen werden müssen. Da muss das Rad nicht neu erfunden werden, das ist nur noch eine Frage der politischen Auswahl.

Wichtig ist jedenfalls die Vereinfachung des aus den Fugen geratenen Systems, das vor allem Kleinbetriebe mit extremen Kosten (etwa für die Lohnverrechnung) belastet. Hier sind zwei Vorhaben dringend: Erstens eine tabulose Durchforstung wirklich aller steuerlichen Ausnahmebestimmungen, deren Abschaffung zur Senkung der allgemeinen Steuersätze zu verwenden wäre. Und zweitens eine drastische Reduzierung der Steuergesetzesmaschinerie.

Natürlich gäbe es dann auch noch die Notwendigkeit, die Steuern nicht nur zu vereinfachen, sondern auch die abenteuerlich hohe Steuer- und Abgabenquote von derzeit mehr als 44 Prozent des BIP auf ein vernünftiges Maß, etwa 40 Prozent, zu senken. Zu finanzieren wäre das über die Realisierung der oben beschriebenen Einsparungspotenziale. Denn, wenn man Steuersenkungen mit der Erhöhung anderer Steuern kompensiert, wie das bisher gerne gemacht wurde, ist der Einfluss auf die Steuerquote leider null.

SOZIALPARTNER. Dann bliebe noch das leidige Problem mit dem Bremsblock Sozialpartnerschaft: eine wichtige Institution, die unendlich viel für den sozialen Frieden und den Wohlstand dieses Landes geleistet hat. Die aber, seit es nicht mehr so viel zu verteilen gibt, in vier berufsspezifische Lobbyorganisationen zerfallen ist, die überwiegend nur noch Klientelinteressen verfolgen. Eine Institution, die es geschafft hat, in der Verfassung verankert zu werden – eine der größten Sündenfälle des Gesetzgebers – und seither praktisch „pragmatisiert" ist.

Zu hoffen, dass Arbeiterkammer, ÖGB, Wirtschaftskammer und Landwirtschaftskammer von selbst zu ihrer alten staatstragenden Rolle zurückfinden werden, wäre naiv. Wenn wir also schon dabei sind, die Verfassung zu ändern, gehören auch die Sozialpartner einbezogen. Diese haben erstens in dieser Verfassung nichts verloren. Und ihre Rolle ist gesetzlich auf die Funktion zurückzuführen, für die sie ursprünglich gedacht waren: institutionalisierter Interessenausgleich zwischen den Gruppen der Arbeitgeber und Arbeitnehmer. Etwa beim Aushandeln von Kollektivverträgen. Und als Serviceorganisation für ihre Mitglieder. Da leisten sie nämlich wirklich Großes.

Sie waren tragbar, so lange sie Kompromisse zuwege gebracht haben. Als „Nebenregierung“, deren mächtige Mitglieder der Regierung bei jedem Reformversuch, der ihre Klientel berührt, ins Steuer greifen, werden sie leider zur Zukunftsbremse.

Dieses Umbaukonzept ist sehr global und verzichtet auf die Darstellung von Einzelmaßnahmen. Davon gibt es ohnehin schon genug in den diversen Reformplänen. Sie werden nur nicht umgesetzt. Sie können nicht umgesetzt werden, weil sich die Strukturen in Österreich in Richtung einer ausgeprägten institutionellen Sklerose verhärtet haben. Um diese Verhärtung aufzubrechen, wäre vor allem die Umsetzung dreier Punkte dieses Programms – Wahlrechtsreform, Föderalismusreform, Sozialpartnerreform – unabdingbare Voraussetzung. Angesichts der herrschenden politischen Strukturen ist mir natürlich klar, dass das eine Art Wunschliste ans Christkind ist. Zumindest so lange, als der durch Reformunlust hervorgerufene wachsende Leidensdruck auf die Bevölkerung noch nicht groß genug ist.

Vielleicht sollte die Regierung ein Expertengremium einsetzen, das eine Reform in diese Richtung ausarbeitet und dann zur Volksabstimmung vorlegt, um so Druck von unten zu erzeugen. Das wäre ein Modell, das in der Schweiz wahrscheinlich funktionieren würde. Bei uns möglicherweise nicht.

Aber wir haben keine Wahl: Wenn wir so weitermachen, fahren wir gegen die Wand.

Epilog

WARTEN, BIS DIE TROIKA KOMMT?

Wenn wir es nicht schaffen, die Reformblockaden selbst zu lösen, werden das irgendwann andere für uns tun.

Reformresistenz auf fast allen Gebieten der Wirtschafts- und Sozialpolitik lässt in Österreich langsam, aber sicher den Wohlstand erodieren. Das Land fällt im europäischen Vergleich beständig zurück. Auch deshalb, weil wegen mangelnder Reformen ein immer größerer Teil des viel zu hohen Steueraufkommens für das Zudecken von schlechten Strukturen verwendet werden muss und ein immer geringerer Teil für dringend notwendige Zukunftsinvestitionen aufgewendet werden kann. Dieser Befund drängt sich nach den in diesem Buch dargestellten Fehlentwicklungen zweifellos auf. Und er ist auch den Regierenden präsent: Zu Beginn des Jahres 2017 haben die beiden Regierungsparteien umfangreiche Reformvorschläge vorgelegt. Die wichtigsten davon sind sogar in ein gemeinsames Regierungspapier eingeflossen. Allerdings: Wirkliche Strukturreformen enthält auch dieses Absichtspapier der Regierung nicht.

Warum ist die Erkenntnis, dass das Land Reformen braucht, so schwer in die Praxis umzusetzen? Es sind die gewachsenen Strukturen, die jeden ernsthaften Reformversuch zerschellen lassen, sobald er in die Nähe der „ersessenen“ Besitzstände der einflussreichen Pressure Groups – Kammern, Gewerkschaft, Länder, Lobbygruppen innerhalb der Parteien – kommt. Ist das so, und alles deutet darauf hin, dann halten wir eine deprimierende Diagnose in der Hand: Dann ist das Land in den derzeitigen Strukturen nämlich nicht reformierbar. Dann werden wir auf einer schiefen Ebene abwärts gleiten, bis der Anprall an der Realität die alten Strukturen zerreißt. Dieses Modell kennen wir schon aus den Nachrichten der vergangenen Jahre aus Griechenland. Und wie das endet, wissen wir auch: Die Finanzmärkte werden unruhig, die Zinsen steigen, Geld ist auf dem internationalen Kapitalmarkt nicht mehr oder nur noch zu horrenden Kosten aufzutreiben. Am Ende steht der De-facto-Staatsbankrott. Schließlich reitet eine „Troika“ der Geldgeber ein und zwingt uns die Reformen auf, die wir zu wesentlich niedrigeren wirtschaftlichen und gesellschaftlichen Kosten selbst erledigen hätten können. Bekannt waren die Reformnotwendigkeiten ja.

Von diesem Staatsbankrott-Szenario sind wir natürlich noch weit entfernt. Aber man hat es am Beispiel Griechenland gesehen: Gerät der Stein einmal ins Rollen, geht es sehr schnell. Ein Hebel ist beispielsweise die sehr hohe Auslandsverschuldung. 85 Prozent der derzeit rund 294 Milliarden Euro, mit denen der Gesamtstaat in der Kreide steht, wurden bei ausländischen institutionellen Kreditgebern geborgt. Diese kennen keine Sentimentalitäten und hegen schon gar keine patriotischen Gefühle: Wenn sie das Gefühl haben, dass ihr Geld in Gefahr sein könnte, handeln sie schnell und hart. Das sollten wir nicht riskieren. Der griechische Weg ist beileibe nicht der einzig mögliche.

Andere europäische Länder, die wegen einer fortgeschrittenen institutionellen Verhärtung in ernste Krisen gerutscht sind, haben die Umkehr aus eigener Kraft geschafft. Ein Paradebeispiel ist Schweden, das Mitte der 1990er-Jahre aus Reformfaulheit den Staatshaushalt entgleisen ließ und in der Folge in eine existenzbedrohende Krise schlitterte. Den Schweden gelang es in einer beispiellosen nationalen Kraftanstrengung, das Steuer herumzureißen. Das aus den Ufern getretene Sozialsystem wurde drastisch redimensioniert, das Pensionssystem durch kurzfristige harte Schnitte dauerhaft saniert. Heute gehört Schweden nicht zuletzt deshalb zu den stabilsten Wirtschaften des Kontinents. Über die Pensionsprobleme anderer europäischer Länder können die Skandinavier nur lachen. Und: Die Steuerquote ist auf ähnlichem Niveau wie die österreichische, aber die Schweden schaffen mit diesem Steuerniveau ganz im Gegensatz zu Österreich permanente Budgetüberschüsse. Die Staatsverschuldung, die einmal existenzbedrohend war, liegt bei sagenhaften 40 Prozent des BIP. Also nicht einmal halb so hoch wie die österreichische. Sollte wieder eine Krise ausbrechen, haben die Schweden sehr viel finanziellen Spielraum für Gegenmaßnahmen. Die Österreicher nicht.

Oder Deutschland: Die stärkste Wirtschaftsmacht Europas war um die Jahrtausendwende auf den wirtschaftlichen Pannenstreifen geraten. Vom „kranken Mann Europas" war die Rede. Doch den Deutschen gelang das Wunder: Mit der „Agenda 2010" und den Hartz-IV-Arbeitsmarktreformen fand unser Nachbarland recht zügig zurück auf die Überholspur. Heute dominiert Deutschland wieder die europäische Wirtschaft, die Arbeitslosenrate liegt auf einem historischen Tief, der Finanzminister kommt mit seinen Einnahmen problemlos aus, obwohl die Steuer- und Abgabenquote um satte 4 Prozent unter der österreichischen liegt.

Man sieht an den beiden Beispielen: Umfassendere wirtschaftliche Reformen wirken sehr schnell positiv. Und sie wirken sehr lange nach. Der Wermutstropfen dabei: Weil Reformen zwingend in Besitzstände eingreifen und deshalb eine Reihe von Verlierern produzieren, bedrohen sie in der Regel das politische Überleben der Reformer. Diese opfern sich sozusagen für ihr Land. Gerhard Schröder beispielsweise bezahlte seine „Agenda 2010" mit dem Verlust des Bundeskanzlerpostens.

Das dürfte der Hauptgrund sein, dass die Beliebtheit wirklich umfassender struktureller Reformen bei aktiven Spitzenpolitikern sehr überschaubar ist. Diese brauchen, um zu echten Reformern zu werden, starken Druck von unten. Der ist bei uns offensichtlich noch nicht stark genug. Noch ist der Leidensdruck, den die politische Reformunlust in der Bevölkerung verursacht, nicht groß genug.

Die Menschen haben zwar massenweise das Gefühl, dass ihr Wohlstand schwindet und dass das mit der Untätigkeit ihrer Regierungen zu tun haben könnte. Sie ziehen daraus aber in der Mehrheit immer noch die falschen

Schlüsse und laufen Populisten und ihren einfachen Rezepten nach, statt den Druck auf Erneuerung zu erhöhen und sich aktiv in die Angelegenheiten der „Stillstandsrepublik" einzumischen. Das ist eine sehr bedenkliche Entwicklung. Sie ist noch zu stoppen, aber viel Zeit haben wir nicht mehr. Zu glauben, dass die Erneuerung von oben kommen könnte, also genau von jenen Gruppen, die die Republik und ihre Wirtschaft mit ihren uralten Machtspielchen zum Stillstand gebracht haben, ist naiv. Das wird nicht geschehen.

Mischen wir uns ein, machen wir von unseren demokratischen Rechten Gebrauch, setzen wir die Politik unter Druck! Zu warten, bis uns eine externe Troika diese Arbeit abnimmt, sollte keine Option sein.

IMPRESSUM

ISBN 978-3-222-15003-6

molden verlag

Wien – Graz – Klagenfurt

Bücher aus der Verlagsgruppe Styria gibt es
in jeder Buchhandlung und im Online-Shop
www.styriabooks.at

Lektorat: Elisabeth Wagner
Buchgestaltung: Emanuel Mauthe
Covergestaltung und Satz: Florian Zwickl

Druck und Bindung: Finidr
Printed in the EU
2 4 6 7 5 3 1